Una ALEGRE
Intercesión

Una ALEGRE Intercesión

Beni Johnson

Una Alegre Intercesión, por Beni Johnson
© Derechos Reservados 2009—Beni Johnson
Publicado Originalmente en los Estados Unidos con el título de *The Happy Intercessor* por Destiny Image.

DESTINY IMAGE

Una división de Nori Media Group. 167 Walnut Bottom Road, Shippensburg, PA. 17257, Estados Unidos de América.

Todos los derechos reservados. Este libro está protegido por las leyes de derechos de autor de los Estados Unidos de América. Este libro no puede copiarse ni reimprimirse con fines comerciales o lucrativos. Prohibida la reproducción parcial o total por cualquier sistema de impresión o digital, sin permiso escrito del editor; a excepción de citas breves y sin fines de lucro. Esta traducción de *The Happy Intercessor* se publica por medio de un acuerdo con Destiny Image. Todos los derechos reservados.

A menos que otra cosa se indique, todas las citas de las Escrituras son de la Nueva Versión Internacional. Santa Biblia, NUEVA VERSIÓN INTERNACIONAL® NVI® © 1999, 2015 por Biblica, Inc.® Usado con permiso de Biblica, Inc.® Reservados todos los derechos en todo el mundo.

Traducción: Marta Merino
Edición: Karen Cota
Diseño: Pedro Barreto

NEXUS PUBLICACIONES
Corregidora, Qro. 76902 México.
Teléfono: +52 442 586 2866
Email: admin@nexuslibros.com
www.nexuslibros.com

Versión en español norteamericano publicada y distribuida por:

Destiny Image International
167 Walnut Botton Road, Shippensburg, PA 17257
Teléfono: 1-800-722-6774
www.faithandflame.com

ISBN libro: 978-0-7684-7289-9
ISBN libro digital: 978-0-7684-7290-5
Impreso en América del norte
Printed in América del norte

DEDICATORIA

Dedico este libro a mis hijos y a sus cónyuges.

Soy la mujer más bendecida. He aprendido mucho de ellos. Su amor por la vida ha sido una inspiración y una alegría para mí. Mi oración por ellos es que siempre mantengan lo sobrenatural en sus vidas y en su amor por Dios.

Vaya mi especial amor para mis nietos, Kennedy, Selah, Haley, Judá, Téa, Diego, Bradon e Isabella; mirarlos descubrir el reino espiritual a medida que van creciendo, ha sido y será, la mejor parte de mi vida. Como el abuelo dice: "¡Los amo enorme!".

Reconocimientos

Quiero agradecer a mi esposo por ser el mejor hombre que existe. ¡Eres fabuloso! Mi vida contigo ha estado más allá de mis sueños. Siempre me has dejado ser yo, y siempre me has dejado subir muy alto con Jesús. Me has apoyado en este proyecto todo el camino, pero sobre todo, me has apoyado en toda mi vida; en esta feliz aventura. ¡Te amo con todo mi corazón!

Mi enorme agradecimiento para todos mis impetuosos y maravillosos amigos; estamos locos por Jesús. ¡Gracias por su fiel cobertura en oración!

Un agradecimiento especial a Judy, que ayudó con este proyecto: tus consejos han significado mucho para mí. Pam, gracias.

Eres una editora asombrosa. Y Erica, hiciste que este proyecto fuera tan divertido. Gracias por ayudarme a sacarlo.

Gracias a Jeremy, quién soñó con este libro y vio el título en el sueño. Todo adquirió sentido cuando me lo dijiste. ¡Seguimos caminando!

OPINIONES SOBRE EL LIBRO

¡Me encanta este libro! Quizás sea el mejor ensayo sobre oración de todos los tiempos. *"Una Alegre Intercesión"* es un libro lleno de vida por la Presencia de Dios. En él aprenderás el secreto del lugar secreto: cómo capturar el latido del corazón del cielo y hacerlo una oración sobre nuestro mundo; pero haciéndolo con alegría.

La primera vez que hice un internado con Beni, me invitó a dar un paseo por su ciudad. Mientras pasábamos por el ahora famoso *Puente del Reloj* de Sol mencionado en el Capítulo 4 (en el que descubrimos cómo "poseer tu ciudad"), lo que más me impactó fue su alegría. No era una escandalosa alegría. Y se sentía como si el cielo escuchara cuando ella hablaba. Beni parecía completamente en reposo, confiada en un gran Dios, tan consciente del mundo alrededor y con esa sensación tan viva dentro de ella, que cuando ella oró, la tierra obedeció.

Ahora sé que ella consiguió eso a través de su viaje adentro del corazón de Dios. Si lo vives, lo puedes dar. Eso es lo que hace Beni en este libro. Una alegre Intercesión es un regalo para toda persona hambrienta de conocer a Dios cara a cara. Este libro es imprescindible para todo el que que está en busca de significado. Desde una teología clásica, con un giro profético realista para dominar el reino místico, *"Una Alegre Intercesión"* es práctico, pragmático y personal.

Toma este libro y recuéstate en Dios... ¡y estoy seguro que descubrirás que te elevarás con Él!

Bonnie Chavda
Pastor Principal Asociado de All Nations Church
Cofundador de The Watch of the Lord

He leído no menos de 40 libros sobre intercesión. Algunos me desafiaron a orar más, otros me ayudaron a ver el diseño de Dios para la oración, pero pocos mantuvieron mi atención absorta como *"Una Alegre Intercesión"* de Beni Johnson.

Este es uno de los libros más interesantes sobre intercesión que he leído. Beni tiene la capacidad única de combinar lo celestial con lo práctico a través de sus propias historias y su conocimiento bíblico. Es una lectura obligada para cada persona llamada a la intercesión, especialmente para los que tienen problemas para ser constantes en ello.

John Paul Jackson
Fundador de Streams Ministries International
Autor de *Desenmascarando el Espíritu de Jezabel*

Conozco a Beni Johnson desde hace más de treinta años. He visto cómo su relación con Dios se convirtió en una de las más hermosas historias de amor que jamás se hayan contado. En tan solo unos minutos, despertará en ti el hambre por más intimidad con el Padre y te recordará tu primer amor. *"Una Alegre Intercesión"* es más que un buen libro de oración; es un viaje del Espíritu Santo hacia el mismísimo corazón del Padre. Este libro puede revolucionar la manera en que te relacionas con Dios en todos los niveles. ¡Que comience la aventura!

Kris Vallotton
Cofundador de Bethel School of Supernatural Ministry
Autor de *De Mendigo a Príncipe*
y *Desarrollando un Estilo de Vida Sobrenatural*

Este libro hace que la intercesión sea atractiva, emocionante y, me atrevo a decir, ¿estimulante? Creo que va a provocar una revolución entre la gente como yo que necesitan conocimientos nuevos e innovadores sobre cómo orar "sin cesar" manteniéndote lleno de energía. Por otro lado, podemos reclutar un ejército de "ovejas agresivas" para vigilar los cielos en cada comunidad y en la cima de cada montaña de influencia. ¡Disfruta la batalla!

Lance Wallnau
Fundador de Lance Learning Group

"Una Alegre Intercesión" es un manuscrito único en su tipo que proporciona información valiosa sobre el ámbito de la intercesión, a menudo incomprendido. Extraordinario como su autor, este libro es refrescantemente honesto, real y con los pies en la tierra. "Una Alegre Intercesión" captura hábilmente el verdadero corazón de la intercesión de una manera sencilla, pero poderosa en aplicación.

Larry Randolph
Fundador de Larry Randolph Ministries
Autor de *Spirit Talk, The Coming Shift,* y *User Friendly Prophecy*

ÍNDICE

	Prólogo	15
Capítulo 1	El Viaje	17
Capítulo 2	Orando desde el Corazón de Dios	31
Capítulo 3	Un Estilo de Vida a la Ofensiva	41
Capítulo 4	Propiedad	63
Capítulo 5	Jesús, Nuestro Ejemplo de Gozo	79
Capítulo 6	Las Tres Esferas	89
Capítulo 7	Rutas Aéreas	107
Capítulo 8	Guerra por medio de la Alabanza y el Gozo	125
Capítulo 9	El Reposo Interior	143
Capítulo 10	Enfrentando los Retos	153

Capítulo 11	Los Místicos. las Experiencias Místicas y la Oración Contemplativa	173
Epílogo	Preguntas sobre Oración e Intercesión	197
Apéndice	Una Gran Dosis de Gozo	205

Prólogo

Escribir una opinión o un prólogo para un libro es un gran honor. Y es especialmente cierto cuando se conoce al autor y se ha visto cómo ha vivido el mensaje que ha escrito. Siendo éste el caso, nunca me sentí más honrado de escribir en nombre de ningún otro autor como lo hago ahora por mi esposa.

Cada vez que presento a Beni en mis viajes o presento sus CD´s de aprendizaje, menciono que ella es una señal y una maravilla, es una intercesora feliz. Ese comentario suele hacer reír porque es un área de la vida de la iglesia donde la dureza, la intolerancia y la depresión han sido considerados el precio de entrada. Esa risa nerviosa también revela la esperanza de que podría ser diferente. Hemos descubierto como iglesia que puede y debe ser diferente.

UNA ALEGRE INTERCESIÓN

Yo estuve allí cuando se hizo la declaración profética sobre su vida, sobre convertirse en intercesora. Ambos habíamos estado expuestos a intercesores que nos habían hecho querer cualquier cosa, menos ese llamado en la vida. La carga que decían llevar, que descubrimos más tarde que era solo una manera elegante de llamar a la depresión, no era una imagen muy atractiva para los que estábamos realmente queriendo aprender a orar. Pero ella ya conocía lo suficiente como para no rechazar aquella palabra.

Recuerdo la noche en que mi esposa cambió de ser tímida a audaz, de ser el tipo de persona que está detrás de la escena, a pasar al frente dirigiendo. Ocurrió en una sola noche. Fue en un encuentro que tuvo con el Señor en Toronto, en el que se sacudía como trapo. Fue impresionante e increíble ver cómo todo el miedo al hombre y la intimidación parecían salir de ella. Esa noche nació una leona.

Su viaje en la intercesión comenzó de la mejor manera posible. Ella era una mujer que amaba a Dios ante todo, y ése fue el contexto de todo su aprendizaje. A veces simplemente no conoces las claves y los principios profundos para lograr un avance significativo en un área; pero siempre puedes tomarte un tiempo para amar a Dios. Esa es su historia. Aunque las percepciones y experiencias de Beni son verdaderas y profundas, no las aprendió por el deseo de ser poderosa. Todas nacieron por el deseo de conocer y amar a Dios con cada aliento posible. Creo que el secreto de la oración eficaz es amar a Dios, y punto. Porque amar a Dios nos asocia con Él. Y es mucho más divertido orar con Dios que simplemente orarle a Él.

Bill Johnson

El Viaje

No siempre fui una intercesora. Sin embargo, todavía me acuerdo de la primera vez que me declararon esas palabras hace unos 20 años. Mi esposo Bill y yo éramos los pastores de una iglesia en Weaverville, California. Le habíamos pedido a nuestro amigo, el profeta Dick Joyce, que viniera y ministrase en nuestra iglesia. Dick me llamó a que saliera al frente para profetizar sobre mí y dijo, "Has sido llamada a interceder. No es para este tiempo sino para uno venidero".

Recuerdo que, mientras subía para recibir esta profecía, le susurré al Señor, "Me quedo con cualquier don menos el de la intercesión". Pero, de alguna manera, aún cuando Dick me dijo esas palabras, recuerdo que no me sorprendió. Era casi como si mi espíritu supiese lo que se avecinaba. En aquel entonces, fueron las palabras de Dick, "no para este tiempo sino para uno venidero" las que me trajeron el mayor consuelo porque, en ese tiempo, no quería ser una intercesora.

En esa época, ya sabía que a veces es necesario poner ese tipo de palabras proféticas "en el estante" durante un tiempo. Recuerdo que alguien me dijo una vez que si recibías una profecía que no tenía sentido en ese momento, tenía que "ponerla en el estante" y guardarla hasta que fuese el tiempo para que se cumpliese. Sabía que ésta era una palabra del Señor, pero el tiempo de su cumplimiento podría ser más adelante. Y eso a mí me parecía bien. Necesitaba tiempo para entender verdaderamente qué era la intercesión.

Tal vez te preguntarás por qué le susurré al Señor que no quería el don de la intercesión. Verás, crecí en una iglesia donde la mayor parte del tiempo, los "intercesores" no tenían pinta de ser gente feliz. Desde mi limitada perspectiva, todos los que eran intercesores eran los que caminaban por ahí con lo que a mí me parecían cargas pesadas. Los intercesores siempre me parecían tristes y no recuerdo verlos sonreír.

A medida que crecí recuerdo que pensé, "no quiero ser una intercesora". Había crecido pensando eso; si eras un intercesor, tenías que llevar unas cargas pesadas siempre, porque eso es lo que yo había visto. No sabía que era posible que los intercesores fueran felices. Tenía mucho que aprender.

El Viaje

Yo Era "La Callada"

Durante muchos años no supe que yo era una intercesora. Cuando miro atrás, puedo ver todas las señales: me pasaba mucho tiempo llevando tantos sentimientos por dentro y los interiorizaba como si fuesen propios. Por ejemplo, a menudo entraba en una habitación llena de gente y empezaba a sentir y oír sus pensamientos—pensamientos que eran en su mayoría muy negativos.

Sin embargo, no me daba cuenta de que todos esos sentimientos que estaba experimentando eran el don que la Biblia denomina "discernimiento de espíritus", y llevaba esas emociones cargantes como si fueran mías en vez de liberarlas en oración. Como resultado de todo esto estaba deprimida. Me convertí en "la callada".

Cuando era niña se me dijo que era tímida. Mis padres no sabían esto, pero otros sí lo sabían. Desafortunadamente, debido a que tanta gente me decía que era tímida, una y otra vez, empecé a pensar que era tímida. Tomé esas palabras como si fueran verdad. Estuve de acuerdo con esas palabras y las recibí como mi identidad.

Tristemente, ser tímida se convirtió con el tiempo en una fortaleza en mi vida que me empezó a controlar. Recuerdo estar tan asustada de la gente, que se me hacía difícil hablar en voz alta. Tenía miedo de decir cosas inapropiadas y miedo de que se me olvidaría lo que iba a decir en medio de la frase. También recuerdo lo atormentador que era para mí hablar en público. Prefería sacar una mala calificación en un examen oral, que tener que levantarme delante de la clase.

UNA ALEGRE INTERCESIÓN

Mi Caminar con Dios

Mi madre me contaba que cuando era una niña muy pequeña, le pedía que orara conmigo por todo. Me dijo que le pedía que oráramos por mí, por mis "pupas" o por los niños del vecindario que se hubiesen hecho daño. No tenía ni idea en ese entonces que era mi don de misericordia el que estaba en funcionamiento.

Acudir a mi madre para orar me aliviaba de estas cosas. Cuando yo oraba, me ayudaba a encontrar un respiro de mis sentimientos y se los entregaba a Dios. Me acuerdo que a menudo tenía la sensación de que sabía lo que estaban sintiendo las demás personas y por lo que estaban pasando, incluso personas que no conocía. A veces estaba más al pendiente de lo que debía a los pensamientos que nadie expresaba y las emociones de la gente.

Durante mi adolescencia, todavía estaba en este estado de sentir muchas cosas que no eran mías. El problema era que había dejado de orar. Se me olvidó lo que tenía que hacer con esos sentimientos y, por consiguiente, los llevaba como si fuesen míos. Eso me llevó a experimentar mucha depresión en mis años más jóvenes.

Gracias a Dios, cuando cumplí los 16 años tuve un encuentro con Dios que cambió mi vida. Los dos años previos a ese encuentro, básicamente había dirigido mi propia vida y había hecho lo que había querido y eso me llevó a un lugar de desesperación. Una noche en la iglesia, hubo un llamado a salir al frente y dar tu vida a Dios y lo hice, y dejé que todo eso saliera.

Recuerdo que me dirigí a Dios esa noche, clamando a Él y diciéndole, "Todo lo que quiero eres Tú". Recuerdo haberle pedido al Señor que tomase mi vida esa noche. Y lo hizo.

El Viaje

Después de ese encuentro, no hacía nada a no ser que previamente orara acerca de ello. Iba a mi armario, lo abría y le preguntaba a Jesús qué me debía poner ese día. Pero seguía sin entender mi don ni cómo orar. Aunque estaba atravesando este momento tan sorprendente con el Señor en parte de mi vida, no le estaba entregando todas las cosas que estaba sintiendo y captando a mi alrededor. Seguí interiorizando las cosas. No tenía a nadie que me dijera que las emociones que estaba sintiendo por dentro y a mi alrededor eran cosas sobre las que debería estar orando.

Cuando cumplí 17 años, fui a un centro de entrenamiento de discipulado durante nueve meses. Una de mis compañeras de habitación tenía mucha inestabilidad mental y yo estaba muy preocupada por ella porque podía sentir por lo que estaba pasando, pero no hacía la conexión de que yo estaba, de hecho, experimentando las mismas cosas que ella estaba experimentando.

Recuerdo estar en la habitación un día con ella, ambas sentadas en nuestras camas. Un desasosiego tan increíble me sobrevino que recuerdo sentirme como si quisiera rendirme en la vida. No me di cuenta, sin embargo, de que estaba captando el tormento mental que mi compañera estaba experimentando—sentimientos que yo también había experimentado en otro momento.

No sabía qué hacer con estas emociones tan atormentadoras. No caí y no tenía ni idea de que Dios me estaba mostrando que se suponía que debía orar por ella.

Romanos 8:28 dice, "Dios dispone todas las cosas para el bien de quienes lo aman, los que han sido llamados de acuerdo con su propósito". Años más tarde, al empezar a trabajar en el ministerio, me di cuenta de que Dios permitía que las experiencias de mi pasado me mostrasen el *propósito* para el que Él me había llamado verdaderamente, para ser usada en eso hoy en día.

Esposa y Madre

Conocí a Bill en la Iglesia Betel en 1969, cuando su padre era el pastor de la iglesia. Nos conocimos durante el Movimiento de Jesús, nos casamos, y durante cinco años fuimos parte del personal de Betel antes de mudarnos a Weaverville, California, para pastorear una iglesia pequeña en las montañas.

Yo tenía una vida de oración, pero era una vida de oración general. Oraba por mis hijos y por mi familia o por las cosas que estaban ocurriendo en la iglesia. Oraba porque pensaba que eso era lo que se suponía que debía hacer. No oraba a causa de tener una relación con el Espíritu Santo.

Durante la mayor parte del tiempo, cuando vivimos en Weaverville utilicé mi tiempo como madre de mis hijos pequeños. Para mí, encontrar tiempo para orar era extremadamente difícil. Recuerdo que mi tiempo de oración lo tenía normalmente mientras lavaba los platos, o tenía que levantarme muy temprano para leer la Biblia y orar.

Para ser honesta, me parecía más una obligación que un deseo. Había algo en lo profundo de mi ser que verdaderamente deseaba estar con Dios, pero a causa de mi horario tan apretado, nunca llegué a tomar el tiempo necesario para perseguir el llamado a ir más profundo. Mirando atrás, puedo ver que había una atracción para adentrarme más en Dios, pero no sabía dónde ir, ni cómo llegar ahí. Y entonces llegó el avivamiento

El Viaje

Una Vida Renovada

En 1995, llegó la renovación a nuestra iglesia en Weaverville. Fue un tiempo de gran refrigerio y gozo. También fue un tiempo en el que el Espíritu Santo conmovió mi corazón liberándome para que fuese quien soy. Venía un tiempo totalmente nuevo. En este tiempo de conmoción, sentí como Él me habló una palabra que cambiaría mi vida. Oí estas palabras, "Quiero que lleves gozo e intercesión". Mi primer pensamiento fue, "¿Es eso posible?" Todavía veía la intercesión como una manera depresiva de vivir.

Con la renovación la gente estaba experimentando mucha libertad. Tuve dos experiencias diferentes durante ese tiempo, a las que llamaré "encuentros con Dios", que cambiaron mi vida.

Una de esas experiencias ocurrió en Toronto, en la iglesia de John y Carol Arnott, Toronto Airport Christian Fellowship (TACF). Mis padres, mi esposo y yo asistimos a una conferencia sobre la Bendición del Padre, que era lo que estaba haciendo palpitar a todo el derramamiento que estaba ocurriendo allí en TACF.

Después de una de las reuniones, Bill y yo nos levantamos para irnos y fuimos a la parte de atrás de la habitación donde había gente en el suelo por todas partes, mucha risa, y borrachera del Espíritu Santo. Hechos 2:15 dice, *"Estos no están borrachos, como suponen ustedes. ¡Apenas son las nueve de la mañana!"*. Cuando el poder del Espíritu Santo cayó sobre los discípulos en el aposento alto, tenían toda la pinta de estar borrachos y actuaban como tales.

¿Te habías dado cuenta de que a la gente borracha no le importa lo que otros piensen sobre lo que están haciendo en ese momento? Bueno, había un hombre así en esa reunión. Nos dimos cuenta de su presencia, caminando por la parte trasera, imponiendo sus manos sobre las personas.

A medida que lo hacía, las personas se caían al suelo. Dios estaba usando a ese hombre como un conducto del Espíritu Santo. Algunos reían con la risa del Espíritu Santo; otros se sacudían bajo el poder del Espíritu Santo.

Lo miré, nuestros ojos se encontraron y vino en mi dirección. Yo tenía a Bill tomado del brazo, pero cuando el hombre llegó donde yo estaba, extendió un dedo y me tocó. Inmediatamente caí al suelo y empecé a sacudirme violentamente. Bill tuvo que soltar mi brazo. Estuve sacudiéndome fuertemente alrededor de 20 minutos.

En un punto, una mujer se me acercó y me preguntó si estaba en buena forma. Le dije que sí, y ella simplemente dijo, "Entonces, más Señor". Y otra vez empecé a temblar. Finalmente paró un poco de manera que me pude levantar. Pero necesité ayuda para volver a mi habitación.

Al día siguiente, fuimos a la sesión de la mañana. Cuando empezó el predicador a hablar algo sobre el amor del Padre, sentí la presencia de Dios y empecé a llorar. Le pregunté al Señor qué había ocurrido la noche anterior. "¿De qué iba todo eso?" Oí estas palabras: "Estaba moviendo las fortalezas de tu vida y haciendo que naciese quien verdaderamente eres".

Desde ese día en adelante, el temor que había estado guiando mi vida desapareció. La fortaleza estaba destruida. Me transformé en una persona diferente a través de un encuentro poco común con Dios.

El Viaje

Ahora, te tengo que decir que el diablo no se sienta y dice, "Vaya, ahora no puedo tentarla más". No, intenta venir y hacer que haga un acuerdo con él. El diablo quiere que nos pongamos de acuerdo con nuestros antiguos patrones de estilos de vida. Una vez que estamos de acuerdo con él, vuelve a tener el control. El diablo permite que un espíritu familiar nos venga y nos haga volver a pensar como solíamos hacer, pero ahora estamos equipados como una fuerza sobrenatural para decir, "No".

Así que cuando un espíritu familiar, como la autoconmiseración, viene e intenta que nos pongamos de acuerdo con él y dice, "Sí, así es como soy", podemos decir (ya que la fortaleza ha sido derruida), "No, yo ya no soy así". Sentí como Dios me había dado una herramienta de poder y la fuerza para usarla en mi vida contra las mentiras del diablo.

Justo después de esta experiencia en Toronto, tuve otra experiencia que cambiaría mi vida. Estaba en un retiro de mujeres en Mt. Shasta, California. Recuerdo que estaba sentada en la parte de atrás de la habitación durante la adoración. Estaba metida en mis cosas y de pronto el Espíritu Santo se presentó, empecé a llorar, el tipo de llanto que viene desde muy dentro de ti.

Una amiga vino a mí y me preguntó si estaba bien y si sabía lo que me estaba pasando. Todo lo que sabía era que esto era Dios, que algo me estaba pasando y que era muy profundo. No podía dejar de llorar. Empecé a sentir como algo estaba siendo arrancado de mí y algo estaba siendo activado dentro de mí.

Después de esa noche todo empezó a cambiar. Me sentía verdaderamente como una persona nueva, como si mi personalidad hubiese atravesado un cambio. Me sobrevino la valentía. Me di cuenta que, durante los siguientes meses, todo lo que podía hacer era llorar. No era un llanto triste sino un llanto que procedía de un nuevo amor que había encontrado. Cada vez que pensaba en Dios y en Su bondad o alguien hablaba acerca de lo que Dios estaba haciendo o aún mencionaba el nombre de Jesús, empezaba a llorar. Me estaba enamorando del Espíritu Santo.

Ya que el renovar estaba trayendo refrigerio y el corazón del Padre estaba siendo derramado, me encontré, como tantos otros, inmersa en Su maravillosa presencia. Iba a lugares profundos de intimidad con Él. Nunca había experimentado nada como esto en toda mi vida como creyente. Me había criado en la iglesia y un Dios amante era todo lo que conocía. Pero esto era diferente. Al principio me asustó porque era tan profundo y muy intenso. No sabía si estaba bien. Nadie me había dicho nada de esto. ¿Qué era?

Antes de experimentar este nuevo nivel de libertad con el Señor, dirigir grupos y estudios bíblicos había sido una tortura. Pero todo empezó a cambiar. Empecé a verme como una persona totalmente diferente. Empecé ya a no verme como una persona tímida e introvertida. No me importaba lo que la gente pensaba sobre mí.

Recuerdo que, de repente, era muy fácil levantarme y compartir sobre Jesús, compartir testimonios y hablar acerca de lo que Dios estaba haciendo. Ya no sentía tortura cuando me levantaba y hablaba delante de la gente; había una libertad tan grande. Yo, junto con las personas de los estudios bíblicos y los grupos que estaba dirigiendo, sentimos que estábamos en medio de una fiesta del Espíritu Santo. Todos estaban siendo liberados y llenados de gozo.

El Viaje

Llevando Gozo e Intercesión

En este punto, mi vida de oración empezó a cambiar de verdad. Ya no se trataba tanto de pedir cosas, si no de, sencillamente, querer estar con el Señor. Le adoraba durante una hora o más de un tirón. La música jugó un papel vital en el renovar personal de mi vida. Puedo entrar en Su presencia a través de la herramienta de la música de adoración. Así ponía un CD de adoración, me sentaba en la presencia de Dios, y me gozaba en Él. Su presencia estaba muy dentro de mí, en mi hombre espiritual.

Esto ocurrió durante un año en Weaverville, y después nos mudamos a Redding para pastorear Betel. En todo este proceso de renovación, me deleitaba en la presencia de Dios. Me deleitaba en Él y solo en Él. Empecé a experimentar algo poco común. Empecé a ver cuadros de las caras de personas. Veía ciudades y pueblos. Veía situaciones y problemas, y me encontraba, en ese lugar de intimidad, clamando a Dios para que solucionasen las cosas que estaba viendo. Recuerdo una vez, después de que Dios me mostrase algo, que dije, "Oh, Dios, esa es una idea tan maravillosa. Ve y hazlo ahí; soluciona eso ahí". Era una experiencia tan nueva—poder entrar en ese lugar profundo de Dios. No me di cuenta en ese entonces que estaba experimentando verdadera intercesión—como debe ser. Para ser honesta, me tropecé con ella.

Por ese entonces, Betel empezó a entrar en el renovar. De hecho, ocurrió una noche cuando mi marido llamó a la gente a que viniese al frente si quería ser renovada y refrescada. Muchas personas vinieron al frente, y empezamos a orar por ellos. Fuimos a orar por una mujer y todo lo que puedo decir es que Dios tomó a esta mujer en ese momento. Bill y yo nos miramos y dijimos, "ahí está". Sabíamos que el renovar había llegado a Betel y que

UNA ALEGRE INTERCESIÓN

la iglesia no volvería a ser igual. Miré al esposo de esta mujer y le dije, "nunca volverá a ser la misma". Mirando atrás, nunca ha vuelto a ser la misma, ni tampoco la iglesia.

Hubo fruto inmediato en la vida de la mujer. Ella se sentía muy intimidada por las esposas de los pastores y nunca podía venir y hablar con ellas. Esa noche vino directamente a mí y empezó a contarme lo que Dios había hecho por ella. Nunca había podido cobijarse en los brazos del Padre permitiéndole que la amase y eso le ocurrió esa noche. Sentir ese amor de Dios cambió radicalmente su vida.

Después de eso muchas personas empezaros a ser tocadas por Dios. Poníamos a la gente en filas los domingos por la noche después de la reunión y podíamos ver cómo la gente caía en el Espíritu. Y después de su experiencia con Dios, eran totalmente diferentes. Sus vidas eran totalmente cambiadas; había más libertad tanto emocional como física.

Recuerdo una noche que me dirigí a una joven que estaba esperando para que se orase por ella y me enteré que era una misionera que había estado en el campo misionero durante dos años. Acababa de regresar y estaba extenuada y quemada por el ministerio. Empecé a orar por ella y se cayó al suelo bajo el poder de Dios. Durante una hora estuve sentada con ella en el suelo y observé a Dios cómo cambiaba su vida de una manera completa y radical. Reía; lloraba. Yo reía; lloraba. Reímos y lloramos juntas. Después de una hora se levantó como una persona totalmente diferente y nueva. Ya no estaba exhausta ni deprimida. Todavía vive en ese lugar de libertad.

El Viaje

Capturando el Latido del Cielo

En 1999, empezamos la Escuela del Ministerio Sobrenatural de Betel. Empezamos la escuela porque queríamos adiestrar una generación que camina en una "cultura de avivamiento". La gente que camina en una cultura de avivamiento, camina en señales y prodigios y en lo profético. Hacen todas las cosas que hizo Jesús cuando caminó sobre este planeta. Ha sido emocionante observar a los estudiantes cómo vienen a nuestra escuela y ver sus vidas cambiadas de manera radical. Empecé a observar cómo Dios levanta una generación que se entrega plenamente a Él.

En medio de todos estos acontecimientos, empecé a verme como una intercesora. Mi definición de intercesor es "la persona que captura el latido del Cielo y lo declara u ora para el mundo. Es un verdadero acuerdo con el Cielo". Y esto es lo que empezó a ocurrir en mi vida. Dios empezó a darnos estrategias sobre cómo orar para afectar a toda una región. Empezamos a orar sobre la tierra para sanidad y desde ahí se ha expandido hasta ir a todo el mundo para orar. Desde este tiempo, he levantado equipos y los he llevado para orar por sanidad sobre regiones enteras. Hemos ido a muchos lugares del mundo.

Este libro trata de mi viaje, de lo que Dios me ha enseñado acerca de la oración y de la intercesión, tanto en mi vida personal de oración como a la hora de orar por regiones. Todo lo que he aprendido ha surgido del lugar secreto.

ORANDO DESDE EL CORAZÓN DE DIOS

Una vez que este renovar llegó a nuestra iglesia, todo empezó a cambiar. Durante ese tiempo ocurrió una de mis cosas favoritas, Dios empezó a llevarnos a muchos a ese lugar profundo e íntimo donde, verdaderamente, podíamos experimentar Su amor. A veces, muchos de nosotros sentíamos que Su presencia era tan pesada sobre nosotros y en nosotros que nunca podríamos salir de debajo de ella. Recuerdo que una amiga me llamó un día para pedirme si podía orar por ella. Estaba en Su presencia, en ese lugar profundo y lejano y necesitaba volver para poder hacer la cena para su familia.

> *"Pero no olviden, queridos hermanos, que para el Señor un día es como mil años, y mil años como un día"* (2 Pedro 3:8).

UNA ALEGRE INTERCESIÓN

Tantas personas eran introducidas en Su presencia durante esa época en nuestra iglesia. Tantas, en aquél entonces, eran llevadas al cielo, a ese lugar donde todo está completo. Esta profundidad de Su presencia era nueva para muchos. Lo que aprendimos fue que estábamos moviéndonos en verdadera intercesión. Había una mezcla de amor, gozo, y quebrantamiento extremo de corazón. Este quebrantamiento de corazón que sentíamos era a causa del amor intenso y extremo que nuestro Padre tiene hacia Sus hijos por todo el mundo.

Como en la historia del hijo pródigo, sentíamos como el Padre echaba de menos a Sus hijos y deseaba que volvieran a Él y a Su amor. Y nos dimos cuenta de que cuando nos permitíamos experimentar el deseo por un Padre Celestial, que estaba desesperado por derramar Su amor sobre nosotros, casi nos convertíamos en "adictos" a Su presencia. Nos dimos cuenta de que, una vez que habíamos experimentado la profundidad de Su amor, no deseábamos nada más en la Tierra que el estar en la presencia de nuestro Padre Celestial.

Declarando Sus Deseos

En momentos así, a menudo *veo* caras, lugares y situaciones en el ojo de mi mente. A menudo siento como si Dios me estuviese mostrando cosas en las que necesito pensar y *darle vueltas* de la misma manera en la que una gallina cuida y *da vueltas* a sus huevos al incubarlos. Génesis 1:2 dice, *"La tierra era una sopa de la nada, un pozo vacío y sin fondo, una negrura de tinta. El Espíritu de Dios revoloteaba como un pájaro por encima de un abismo acuoso".* (Traducción de la versión: The Message; MSG)

Siendo honestos, la mayor parte del tiempo cuando estoy en este lugar, simplemente me pongo de acuerdo. Me pongo de acuerdo con los planes que Dios ya tiene para las vidas de las personas, para las regiones y para la tierra. "Sí, Dios, haz eso Dios... ve ahí, Padre... eso es sorprendente, Señor Jesús". Cuando oro así, me siento como que estoy orando desde Su corazón y estoy llamando a la existencia los deseos mismos que ya están en el corazón de Dios.

En esos momentos, me siento como si me hubiera convertido en la matriz de Dios. *"El que cree en mí, como dice la Escritura, ríos de agua viva correrán de su interior."* (Juan 7:38 RVA). Las palabras de su interior vienen de la palabra *koilia* que quiere decir "matriz"[1]. Somos la matriz de Dios. En nuestras intercesiones estamos creando y dando a luz las cosas del Cielo. Llevamos la vida del Reino en nuestro interior (Lucas 17:21). Ésta fluirá de nosotros en nuestras intercesiones.

No se Requiere Planeación

Cuando cualquiera de nosotros entra en la presencia de Dios y se mete en nivel celestial, se coloca para recibir una gran victoria. Una de las cosas con la que necesitamos tener cuidado es con ir delante de Dios con ideas preconcebidas. A veces pienso que vamos delante de Dios y ya tenemos una idea de lo que queremos que Dios haga; así que nos cerramos y no recibimos de Dios ni nos asociamos con Él para lo que quiera hacer en ese momento. De hecho, Dios tal vez quiera hacer algo completamente diferente. Es casi como si le dijéramos, "Aquí, Dios, esta es mi idea; hazla a mi manera". Cuando hacemos eso esposamos a Dios. Ya no estamos colaborando con Él.

UNA ALEGRE INTERCESIÓN

Muchas veces, cuando la gente me pide que ore por ella, vienen con su plan—o con una idea—de lo que quieren pedirle a Dios que haga. Cuando estoy orando por las personas y les pregunto para qué necesitan oración, a veces lo que piden no es lo que está en la agenda de Dios para ese momento en particular. Necesitamos aprender a ser sensibles y movernos con el Espíritu Santo. Necesitamos escuchar el latido del corazón de Dios y no siempre estar presentándole nuestras ideas. No se trata de si nuestras ideas son correctas o equivocadas, sino de que no traigo mi propia agenda cuando, sencillamente, quiero pasar tiempo con Dios y sentir Su presencia.

Recuerdo una vez que, mientras estaba orando, me vino la cara de un hombre. Era un hombre asiático. Cuando observé su cara, empecé a ponerme de acuerdo con Dios a favor de este hombre. Hasta el día de hoy, todavía no sé nada sobre este hombre; ni tampoco el motivo por el que estaba orando por él. Podría haber sido una oración de intervención, una oración que salvase la vida del hombre. O, podría haber sido que estaba orando por todo un grupo de personas. Algunas cosas no las vamos a saber a este lado de la eternidad. Es importante que aprendamos a responder a Su dirección—aún cuando no haya una gratificación inmediata viendo una respuesta en lo natural.

Intercesión es el fruto de estar con Él. Nació en mi corazón a raíz de pasar tiempo con Él. Entro en Su presencia para amarle, para experimentar "Espíritu con espíritu"—Su Espíritu con mi espíritu. Cuando experimenté esto por primera vez, recuerdo estar con Él y sentir cómo nuestros corazones se conectaban. Parecía como si mi corazón estuviese tomando el mismo ritmo de latidos que el Suyo, derramando sobre mí "el amor líquido" proveniente de Su corazón. Su corazón fue quebrantado a favor de la humanidad. Nuestros dos corazones están entrelazados. Cuando sientes eso, cuando ves Su corazón quebrantado y Su sorprendente amor, tu única respuesta puede ser orar con una pasión ardiente; con compasión por una generación perdida.

> *Lo que Dios ha prometido es sellado con el Sí de Jesús. En Él, esto es lo que predicamos y oramos, el gran Amén, el Sí de Dios y el nuestro juntos, gloriosamente evidentes.*
> (2 Corintios 1:20; Traduc. de MSG).

Lo que me sorprende es que Dios esté esperando a que entremos a Él. Está deseando que nosotros veamos Su mundo, que veamos en ese nivel glorioso de Su Reino. Quiere asociarse con nosotros para obtener una victoria celestial.

A Dios le Gustan Nuestras Ideas

El *sí* de Dios junto con nuestro sí es lo que trae la victoria en la oración. Me sorprende continuamente que Dios quiera asociarse con nosotros. Pero, a la vez, tiene todo el sentido del mundo que quiera unirse a nosotros para poder crear historia. Somos, después de todo, Sus hijos. Él es un Dios grande y todopoderoso y también un Padre amante que, creo, quiere involucrarse en nuestras vidas. Es increíble, pero también quiere que nosotros nos involucremos en Su Reino. Quiere que ayudemos a edificar Su Reino aquí en la Tierra. Algunos actos proféticos que llevamos a cabo vienen del Señor, pero creo que algunas de las cosas que hacemos son buenas ideas a las que el Padre dice, "sí, eso es bueno".

Estoy convencida de que a Dios le gustan mis ideas. Así, cuando oro, lo hago desde un lugar de seguridad. Es como cuando entro

UNA ALEGRE INTERCESIÓN

en la oración creyendo que Dios está de mi lado. Déjame que te de un ejemplo.

Llevamos a un equipo a Croacia en 2007. Ha sido uno de los más increíbles viajes de oración en los que jamás he participado. Uno de los lugares a los que pensábamos ir era a un campo de concentración fuera del Zagreb, la capital de Croacia. Durante la Segunda Guerra Mundial, muchos judíos serbios, gitanos—cualquiera que no fuese croata—fueron aniquilados allí. Fue brutal.

Nos habíamos encontrado con nuestros amigos misioneros y con un pastor de allí y su esposa para ir a orar. ¿Cómo se ora por una cosa tan descomunal y devastadora? Había estado orando, considerando cómo podíamos marcar la diferencia y ayudar a traer sanidad a la tierra donde tanta sangre había sido derramada. Me vino la idea de llevar una botella de vino y derramarla sobre la tierra.

Habíamos estado orando en uno de los pueblos esa mañana y honestamente me había preguntado si lo que hice con el vino es lo que se suponía que teníamos que hacer. Había mencionado a parte del grupo que debíamos agarrar una botella de vino antes de irnos del campo de concentración, pero después, conscientemente, deseché esa idea pensando que tal vez no fuera acertado hacerlo. Una de las mujeres del equipo habló y dijo, "¿Vamos a agarrar vino antes de irnos del campamento?" "Vale. Agarrémoslo", dije.

No les había dicho nada a los pastores de allí sobre lo que íbamos a hacer. Sentí que el pastor y su esposa eran los que debían derramar el vino en la tierra como una señal profética de oración de reconciliación. Srecko, el pastor, es croata y su esposa, Inas, es serbia. Por si no lo sabes, esos son dos de los muchos grupos étnicos involucrados no solo en la Segunda Guerra Mundial sino también en la Guerra de Bosnia de principios de los años '90.

Le expliqué a este maravilloso pastor y a su esposa la idea de derramar el vino en la tierra y luego oraríamos juntos creyendo que Dios cubriría el derramamiento de sangre con Su sangre. Ellos agarraron la botella de manera conjunta y la derramaron. Nunca habían hecho nada así antes, pero lo hicieron con mucha gracia. Mientras estaban derramando el vino, yo estaba observando a su hijo de seis años que estaba jugando. Estaba tan libre de preocupaciones y tan feliz. Su sangre representaba dos grupos étnicos que estaban en guerra. Su generación ya no sufriría el dolor de la guerra. Habría sanidad.

¿Esta idea fue mía o del Espíritu Santo? No lo sé, sencillamente parecía ser lo correcto. Siento que nuestras vidas pueden estar tan entrelazadas con la de Dios que nuestros pensamientos, sentimientos y hasta lo que hacemos se puede fundir con lo Suyo. Cuando Dios nos creó de la manera que somos, le gustó lo que hizo. Le gusta todo lo que tiene que ver con nosotros. Creo que a Él le gustan nuestras ideas, y a nosotros nos gustan las Suyas. Dios nos escoge, como escogió a David.

1 Reyes capítulo 8 dice que Dios escogió a David y que estaba en el corazón de David edificar una casa para Jehová (leer 1 Reyes 8:16-17). Dios le dijo a David en el versículo 18, "David… obraste bien con lo que tenías en tu corazón". (1 Reyes 8:18). ¡Caramba! Ese es nuestro Dios. Dios escogió a un hombre que Él sabía que iba a decir "¡Sí!" y Dios dijo, "Sí" a David, y el resto es historia. El sí de Dios para ti y el sí tuyo para Él, es todo lo que se necesita.

UNA ALEGRE INTERCESIÓN

Manteniéndonos Enfocados

Cuando nuestra hija Leah estaba esperando su primer bebé, me pidió, con el permiso de su esposo, si yo podía estar en la sala de parto para ayudarla. Yo había tenido tres hijos de forma natural y me dijo, "tú eres una profesional, mamá". Para mí fue un honor. Le dije a mi marido que fue la experiencia más maravillosa y la labor más ardua que había llevado a cabo desde que tuve a mis propios hijos.

Dios siempre penetra en nuestro mundo natural y nos muestra el nivel espiritual. Eso es lo que ocurrió en esta experiencia del parto de nuestra hija. En un parto natural, puedes invitar a amigos y familiares al paritorio.

Nuestra hija es una persona muy sociable y le encantaba tener a esos amigos y familiares para que la visitasen en el momento del parto. Como puede que sepas, hacia el final del parto, hay un punto en el que los dolores se vuelven muy intensos. Necesitas toda tu concentración para aguantar las contracciones. Habíamos llegado a ese momento. Cuando empezaba una contracción, hablábamos paz sobre Leah y luego ella se concentraba totalmente en escuchar mis instrucciones.

Una de nuestras amigas entró en la habitación en uno de esos momentos y empezó a hablar sin prestar mucha atención a la intensidad de lo que estaba ocurriendo. A Leah no parecía importarle. Me dijo que no se dio cuenta porque estaba solamente centrada en mi voz y en lo que le estaba diciendo que hiciera. Cuando me lo contó, tuve una revelación sobre la intercesión.

Cuando Dios nos da estrategias para orar—esas con las que ardes por dentro—podemos centrarnos tanto en Su voz que no nos distraemos. Nada nos puede apartar de Su voz. Había momentos, durante el parto de su hijo, en los que mi hija y yo nos mirábamos a los ojos con intensidad. Así era como podía aguantar los momentos intensos. Ella obtenía fuerza al mirarme a los ojos. Había una intensidad o determinación en mis ojos que ella captaba que le ayudaba a seguir.

Hay momentos en nuestras vidas en los que debemos estar más cerca, centrándonos en Sus palabras y en Su visión. Dios nos da estrategias para la oración y nosotros Le miramos para centrarnos y entender cómo orar con resultados. Entonces llegará el alumbramiento.

Por cierto, el bebé que nació ese día a nuestro yerno e hija fue llamado *Judá* (palabra hebrea para "alabanza"). El resultado de nuestro persistente enfoque sólo puede suponerle alabanza.

Cuando oro desde el corazón de Dios, me pierdo hasta tal punto en la presencia de Dios que parece que lo único que estoy escuchando es la voz de Dios. En ese lugar, Su corazón, Sus planes, Su voz, se vuelven tan reales que es casi como si Él y yo nos hiciésemos uno. En esos momentos, parece como que oro con Él.

Cuando estoy en ese lugar, todo lo que tengo que hacer es estar de acuerdo con Dios y asociarme con las cosas que ya están en Su corazón. Esos son los momentos cuando oramos juntos y cuando empiezo a colaborar con Dios a través de mis oraciones. Esos son los momentos cuando empiezo a ver verdaderas victorias, sin que se requiera ningún plan preconcebido.

UNA ALEGRE INTERCESIÓN

NOTAS FINALES

1. Dutch Sheets, *Intercessory Prayer* (Ventura, CA: Regal Books, 1996), 116.

Un Estilo de Vida a la Ofensiva

En los Estados Unidos el fútbol americano es toda una sensación. La gente se vuelve loca con sus equipos. Nuestra familia siente debilidad por los 49's de San Francisco. Hubo un tiempo en el que volvíamos a casa después de la reunión y no podíamos esperar ni un minuto más para ver a nuestro quarterback favorito de todos los tiempos, Joe Montana, haciendo su magia en el juego.

En un equipo de fútbol tienes un equipo que actúa de defensa y otro que ataca—a la ofensiva. El equipo de defensa intenta quitarle el balón al equipo de la ofensiva del contrincante. El equipo de defensa intenta dilucidar las estrategias y juegos del equipo contrario que actúa a la ofensiva. El equipo que actúa a la ofensiva, sin embargo, tiene la ventaja de que son ellos los que tienen el balón. Con su habilidad y diferentes juegos, continúan

UNA ALEGRE INTERCESIÓN

llevando el balón al final del campo para hacer un touchdown. El equipo que juega a la ofensiva es el que está al mando ya que es éste el que tiene la posesión del balón.

Este capítulo trata sobre controlar la posesión del balón. Para los intercesores, es extremadamente importante entender que Dios ya nos ha dado el balón. Somos el equipo que ataca. Si no entiendes eso, si no estás jugando desde la victoria, entonces vas a ser un intercesor cuya vida de oración se verá marcada por la derrota. Serás aquél que siempre está intentando proteger de los planes del enemigo lo que Dios te ha dado, o peor aún, yendo tras el diablo y tratando de averiguar qué está haciendo. ¿Por qué está eso mal? Si no entiendes que Dios ya te ha dado el balón, vivirán en temor y orarás desde un lugar de necesidad.

Cuando Joe Montana tiraba el balón en el campo, él sabía perfectamente hacia donde se dirigía—a las manos del receptor. Era algo de gran belleza. Gran cuadro para nosotros sobre cómo vivir como gente del Reino y conocer los juegos del Cielo.

Un buen jugador está tan centrado en su meta que parece que no hay nadie más a su alrededor. Un buen jugador no tira el balón por ahí sin más. De la misma manera, nosotros no podemos tirar nuestras oraciones para acá y para allá.

Como Joe, somos el equipo que ataca. Los equipos que juegan en la ofensiva son los que dictan qué juego se va a hacer. Deben tener la confianza de que van a ganar. Tienen que creer que van a ganar porque saben que controlan el balón. Como intercesores, como equipo que está en la ofensiva, nuestra tarea es tomar el territorio y no correr detrás de un enemigo intentando robarle el balón. El diablo perdió el balón en el Calvario.

Como intercesores necesitamos recordar siempre que estamos jugando en el equipo que ataca. En el equipo que ataca, todo el equipo sabe hacia dónde se dirigirá la pelota y quién la va a agarrar. Todo el equipo sabe hacia dónde debe correr. Tienen una meta: hacer un touchdown. Como intercesores, *debemos* oír las instrucciones que el Señor está dando y orar por ellas para que el equipo pueda agarrar la pelota y hacer un touchdown. Nuestra tarea no es pasarnos todo el tiempo preocupándonos de las estrategias del enemigo. Tenemos que hacer los juegos que Dios diga.

Muchos intercesores se pasan todo el tiempo preocupándose sobre lo que el enemigo va a hacer después, pero su tarea es centrarse en Dios y asociarse con Sus planes. Como intercesor, tu tarea es averiguar lo que Dios quiere hacer, esto es lo opuesto a lo que el enemigo está diciendo. Entonces empiezas a orar lo que Dios quiere. No permites que el enemigo traiga distracción. Tienes que decidir no asociarte con el temor.

Así es como los intercesores viven una vida de ataque. Oran de acuerdo con los planes de Dios y oran desde la victoria.

> *Como resultado, no somos más niños echados de acá para allá por las olas y llevados por todo viento de doctrina, por los engaños del hombre, por las estratagemas engañosas* (Efesios 4:14 NASB).

Sin lugar para el temor

Cuando nuestra tercera nieta Haley nació, su mamá Jenn, tuvo una infección y el doctor tuvo que hacer una cesárea de urgencia. Al sacar al bebé de la sala y llevarla rápidamente a una unidad

UNA ALEGRE INTERCESIÓN

de cuidados intensivos, nos dijeron que Haley no estaba respondiendo como se esperaba.

A los bebés cuando nacen les hacen una prueba que se llama el test de Apgar. Es una prueba que se puntúa siendo el 10 la mejor puntuación posible. La puntuación de Haley era 2. Después nos enteramos de que los bebés que puntúan con un 2 normalmente no viven. Cuando nos dieron esta noticia, nosotros como familia tuvimos que tomar una decisión. ¿Nos pondríamos de acuerdo con estas malas noticias? Nunca me olvidaré de ese sentimiento. Era la primogénita de nuestro hijo. Todo era tan nuevo y emocionante; y después este mal resultado. Me acuerdo que fui y me senté en una silla en la sala de espera. Puse mi cara entre mis manos y le pregunté a Dios qué estaba ocurriendo. Oí estas palabras, "Sencillamente es una guerra. Di '¡no!'" Y eso es lo que hice. Toda la familia oró. Esto no debía ocurrir. A los 10 minutos la enfermera salió y nos dijo que el test Apgar de Haley había subido a 7 y que estaría bien. Al escribir este libro, Haley está muy viva y bien, cambiando el mundo que la rodea para Jesús.

El temor tiene sus maneras de venir a ti y morderte. Todo parece ir maravillosamente bien en tu vida y estás caminando en paz. De repente, el temor está intentando envolverte, intentando destruir tu paz. Como creyente tenemos que hacer una elección para resistir el temor. Como familia tuvimos que tomar la decisión de que no nos asociaríamos con el temor. El diablo tiene derechos legales sólo si nos ponemos de acuerdo con él. La herramienta que utiliza para pillarnos es el temor. No tiene un juego limpio con nosotros. Va directo a nuestros puntos débiles.

Un Estilo de Vida a la Ofensiva

No temerás ningún desastre repentino, ni la desgracia que sobreviene a los impíos. Porque el Señor estará siempre a tu laso y te librará de caer en la trampa. (Proverbios 3:25-26).

¿Alguna vez te relajas y piensas en el mundo, la pinta que tiene ahora y lo que verdaderamente está pasando? ¿Por qué están ocurriendo las cosas que están ocurriendo? ¿Qué está haciendo que esos eventos ocurran? ¿Cuál es la raíz? No sólo en la superficie, sino más profundo, ¿qué está provocando que las cosas vayan de la manera que van?

Cuando miro al mundo, puedo reconocer el plan del diablo. La raíz es el temor. Verdaderamente es un plan sencillo. Todo lo que tiene que hacer el diablo es asegurarse de que caminemos en temor; entonces todas nuestras respuestas surgirán desde ese lugar de temor. El mandamiento más repetido en la Biblia es "No temas". Desde Génesis hasta Apocalipsis, Dios nos ha dicho en repetidas ocasiones que no temamos. Dios conoce nuestra humanidad.

Cuando me relajo y miro al mundo y veo lo que Dios está haciendo, me pongo contenta. ¿Te suenan estas palabras? "Porque yo sé muy bien los planes que tengo para ustedes—afirma el Señor—planes de bienestar y no de calamidad, a fin de darles un futuro y una esperanza" (Jeremías 29:11).

Dando en el Blanco

Como intercesores, necesitamos centrarnos en nuestras oraciones y en nuestras estrategias. Los intercesores efectivos saben escuchar los juegos que Dios va diciendo y saben cómo agarrar el balón y hacer el touchdown. Los intercesores efectivos son intercesores de ataque; saben cómo dar en el blanco.

UNA ALEGRE INTERCESIÓN

A mi esposo le apasiona la cacería. Caza por todo el mundo. Cada año vamos a una convención de caza en la que tienen, exposición tras exposición, el equivalente a 12 campos de fútbol americano, llenas de todo lo que podrías querer que tenga que ver con la caza. Entre otras cosas hacen subastas. Un año Bill pujó por un viaje de caza a Sudáfrica y lo ganó.

Le había dicho que iría a cazar con él si me llevaba a algún sitio cálido. Para mí es difícil entender a los cazadores que se van a un sitio y se congelan simplemente para traer un animal a casa. Mi papá y mis tíos solían hacerlo; mi esposo y mis hijos lo hacen. A mí me gusta el clima cálido. El frío y yo no nos llevamos bien. Total que accedí a ir de caza si me llevaba a un clima cálido. Sudáfrica es un sitio así. Iba a ser un safari de caza.

La primera mañana nos levantamos, (hacía frío) desayunamos y en vez de ir al camino para cazar nos fuimos de viaje al campo de tiro. Uno no toma un rifle sin más y se va y dispara. El guía quería asegurarse de que, cuando disparáramos a un animal, le estuviésemos apuntando para que no pase la bala de largo o lo que sería peor, simplemente hieras al animal. En el campo de tiro debes asegurarte de que todos los tiros de prueba dan donde quieres que den cuando disparas la bala y que den en el blanco. Cuando intercedemos, eso es lo que estamos haciendo; estamos "dando en el blanco".

Uno de los significados de la intercesión es "dar en el blanco". Esta frase se deriva de una palabra hebrea, *paga*[1]. *Paga* quiere decir "encontrarse"; es la parte violenta de la intercesión. Job 36:32 nos habla de un encuentro violento de paga: "Él cubre Sus manos con los rayos y los ordena que golpeen (en el blanco)".

Un Estilo de Vida a la Ofensiva

Si vamos a ser un pueblo que ora con el propósito de ataque, "dar en el blanco" en nuestras oraciones, debemos estar en la búsqueda del corazón de Dios. ¿Cómo se puede hacer eso? ¿Dónde vamos a encontrar el corazón de Dios? Vamos a Su Palabra para encontrar Su corazón.

Me resulta interesante que la palabra *Torá* viene de la raíz *yarah*, que quiere decir "disparar en línea recta", o "dar en el blanco"[2]. Dios nos ha dado la Biblia para mostrarnos Su corazón.

Al final de los años '90 hubo un gran auge para que la gente orara directamente desde las escrituras. Orar las escrituras es una manera maravillosa de orar el corazón de Dios. Está todo ahí, en lo escrito, esperando que lo oremos y lo proclamemos.

Una de las cosas más importantes que he aprendido durante esa época es cómo meditar en las Escrituras. Aprendí a tomar un capítulo o una sección pequeña de la Escritura y empezar a pensar o a meditar en él. Leía los versículos una y otra vez, muy despacio. A medida que lo hacía, empezaban a entrar en mi espíritu. Las Escrituras se vivificaban en mi espíritu y en mi mente. Entonces me encontraba orando desde esos versículos. Mis oraciones se vivificaban. Sentía que estaba orando de tal manera que iba a dar en el blanco. Había un enfoque en lo que estaba orando. Los Salmos son un lugar maravilloso para empezar a aprender este método de oración.

Mientras escribo este libro, estoy meditando en un Salmo que siento que es necesario que agarremos y proclamemos para este período de tiempo.

UNA ALEGRE INTERCESIÓN

La Vuelta Gloriosa a Sión

"Cuando el Señor hizo volver a Sión a los cautivos, nos parecía estar soñando. Nuestra boca se llenó de risas; nuestra lengua de canciones jubilosas. Hasta los otros pueblos decían: «El Señor ha hecho grandes cosas por ellos». Sí, el Señor ha hecho grandes cosas por nosotros, y eso nos llena de alegría. Ahora, Señor, haz volver a nuestros cautivos como haces volver a los arroyos del desierto. El que con lágrimas siembra, con regocijo cosecha. El que llorando esparce la semilla, cantando recoge sus gavillas. (Salmo 126).

Puedes sentarte relajado y empezar a leer y pensar y dejar que el Espíritu Santo te dé entendimiento sobre este capítulo. Empieza a orar este capítulo. Luego espera y escucha. Tendrás más entendimiento a medida que escuches el susurro del Espíritu Santo. Te dirá más cosas. A medida que te dice más cosas, empieza a orar lo que Él te está diciendo. Al hacer esto estás centrado y pones el propósito de Dios como tu blanco. Tu espíritu y mente se han hecho uno con el Cielo. Te has convertido en un guerrero que está a la ofensiva.

En la Biblia, Pablo era una persona que sabía cómo vivir un estilo de vida a la ofensiva; Pablo sabía cómo vivir desde la victoria. En I Corintios 2:4-12 y 16, podemos ver que Pablo sabía que la razón humana no es un buen plan del Reino. Pablo sabía que la sabiduría humana no trae mucho avivamiento. De hecho, en I Corintios 2, Pablo dice,

No les hablé ni les prediqué con palabras sabias y elocuentes, sino con demostración del poder del Espíritu, para que

la fe de ustedes no dependiera de la sabiduría humana, sino del poder de Dios. (1 Corintios 2:4-5).

Pablo era un hombre muy docto y era más que capaz de usar palabras persuasivas de humana sabiduría para que se le entendiese. En vez de eso, escogió venir en el poder del Espíritu Santo. Pablo dijo además que ni siquiera sabemos las cosas que Dios ha preparado para aquéllos que le aman.

Sin embargo, como está escrito: «Ningún ojo ha visto, ningún oído ha escuchado, ninguna mente humana ha concebido lo que Dios ha preparado para quienes lo aman». (1 Corintios 2:9-10).

En estos versículos, Pablo nos dice que podemos saber las cosas de Dios porque Dios nos las ha revelado por medio de Su Espíritu. Pablo nos dice que el Espíritu está escudriñando la profundidad del corazón de Dios. Nadie conoce el corazón de Dios sino el Espíritu. Aquí es donde se pone emocionante. Lo que vemos en estas Escrituras es que Dios no está diciendo que nos ha dado la habilidad de saber las cosas de Dios. Si nos sumergimos en el Espíritu de Dios, podemos saber qué hay en el corazón de Dios. ¡Caramba! Dios quiere que le conozcamos y que conozcamos Sus caminos.

Una Lucha Espiritual

Una de las metas que tenemos en nuestras oraciones y en todo lo que hacemos en Betel tiene que ver con nuestra creencia de que Dios nos ha prometido una zona libre de cáncer. Esa es una de nuestras oraciones principales. Estamos centrados y tenemos la determinación de *"dar en el blanco"*. Sabemos que tenemos el

UNA ALEGRE INTERCESIÓN

balón en este asunto. Hemos visto a muchas personas sanadas de esta maligna enfermedad. También hemos visto cómo ha muerto gente de esta enfermedad. Pero sabemos que, a medida que continuamos llevando la oración por medio del campo, vamos a dar en el blanco y vamos a alcanzar nuestra meta.

Sabemos que esta es una lucha espiritual. Una de las cosas contra la que estamos arremetiendo es la mentalidad del mundo. Pienso que la mentalidad del mundo es una mentalidad humanista, centrada en uno mismo y carnal y no está puesta en las cosas de Dios.

Cuanto más oramos, leemos la Biblia, predicamos y "hacemos" lo que nos llamó por medio de sanar enfermos, más deshacemos esa mentalidad. Jesús hizo eso mismo. Nos mostró cómo luchar en el espíritu. Él derribó esa mentalidad del mundo por medio de la oración, la predicación y las obras.

Una manera específica en la que rompió esa mentalidad fue sanando enfermos. Si algún conocido tuyo no cree que Dios sana, pero es testigo de la sanidad de una persona después de que le hayas impuesto las manos, esto puede penetrar en esa mentalidad del corazón incrédulo. Hemos visto muchas veces cómo ocurre esto, cuando una persona que no cree en la sanidad se convierte en creyente después de ver cómo Dios sana a alguien.

> *No se amolden al mundo actual, sino sean transformados mediante la renovación de su mente. Así podrán comprobar cuál es la voluntad de Dios, buena, agradable y perfecta.* (Romanos 12:2).

Para mí, esta Escritura es un gran ejemplo de la mentalidad celestial. Cuando nuestra atención está fijada en Él, podemos verle más claramente. Y cuando pensamos con una mentalidad celestial, empezamos a operar con un estilo de vida que está en la ofensiva. Dios nos ha dado el balón, que es la Palabra de Dios, ahora es nuestra responsabilidad pasársela a otros.

Acata el Plan

Los hijos de Isacar conocían las señales de los tiempos:

De los hijos de Isacar, hombres que entendían los tiempos, sabiendo lo que Israel debería hacer, sus jefes eran doscientos; y todos sus familiares estaban a sus órdenes.
(1 Crónicas 12:32 NASB)

La parte que me gusta de este versículo es "sabiendo lo que Israel debería hacer". Los hijos tenían un plan. No sólo entendían los tiempos, sino que también sabían lo que debían hacer en los tiempos en los que vivían.

La bendición de Jacob sobre Isacar fue fortaleza, descanso entre las cargas, una tierra apacible y una vida en la que llevarían cargas (ver Génesis 49:14-15). En el margen de mi Biblia dice que Isacar tenía que ser básicamente "dócil, aceptando una vida feliz y calmada en Canaán. Tenían discernimiento político al cambiar su alianza de Saúl a David".

Parece que los hijos de Isacar no tenían una vida muy estresante. Eran personas felices que se gozaban de la tierra que les había dado Dios. Me pregunto si esto es lo que les hacía discernir tan bien las idas y venidas de la gran nación de Israel. Sus vidas estaban libres de la preocupación y del estrés. Sabían cómo ser felices.

UNA ALEGRE INTERCESIÓN

En la Iglesia de Betel, mi trabajo es supervisar la oración. Como Pastor de Oración, recibo muchos e-mails de todo el mundo. En muchos de los e-mails me piden oración urgente o tienen un alto grado de alerta en la oración. Muchos son buenos, pero muchos están tan llenos de temor que debe rechazar el espíritu que se les ha añadido.

Rehúso orar como consecuencia del temor. Lo que sí hago es pararme y preguntarle a Dios cómo debo orar acerca de la crisis y pidiéndole Su dirección. Me mantengo centrada en Dios y no en la crisis. Cuando te mueves en tus oraciones a causa del temor, es imposible que tengas una guía clara sobre cómo orar según lo que el Cielo está orando. Debemos ser como los hijos de Isacar; debemos entender y saber lo que debemos hacer. Manteniéndonos enfocados y acatando el plan es de suma importancia.

El Antiguo Testamento está lleno de grandes historias de reyes y líderes de Israel que miraban a Dios para que les diese sabiduría. Su única esperanza y salvación estaba en su dependencia de lo que Dios hacía. En 2 Reyes 18-19 está la historia del rey Ezequías y el gran ejército de Asiria. Asiria se encontraba dónde está ahora Iraq. La nación asiria, bajo el liderazgo de Senaquerib, empezó a movilizarse hacia el sur a lo largo de la costa, atacando y tomando ciudad tras ciudad. Jerusalén era la siguiente en la lista para ser derrocada. En el versículo 35 del capítulo 18 Senaquerib dice,

> *¿Cuál de todos los dioses de estos países ha podido salvar de mis manos a su país? ¿Cómo entonces podrá el Señor librar de mis manos a Jerusalén?* (2 Reyes 18:35).

Ezequías rasga sus vestiduras, se cubre de cilicio y va derecho a la casa del Señor (ver 2 Reyes 19:1). Ese sí es un buen plan. Ve

Un Estilo de Vida a la Ofensiva

directamente a la Presencia. Desde ahí envía a un escriba, a los ancianos y sacerdotes al profeta Isaías (ver 2 Reyes 19:2). Otro buen plan. Isaías escucha a Dios y envía la palabra profética al rey:

> ...este les dijo: «Díganle a su señor que así dice el Señor: «No temas por las blasfemias que has oído, pronunciadas contra mí por los subalternos del rey de Asiria. ¡Mira! Voy a poner un espíritu en él, para que cuando oiga cierto rumor regrese a su propio país. ¡Allí haré que lo maten a filo de espada!» (2 Reyes 19:6-7).

El rey Senaquerib envía una carta llena de amenazas al rey Ezequías:

> ...para que le dijeran: «Tú, Ezequías, rey de Judá: No dejes que tu Dios, en quien confías, te engañe cuando dice: "No caerá Jerusalén en manos del rey de Asiria". Sin duda te habrás enterado de lo que han hecho los reyes de Asiria en todos los países, destruyéndolos por completo. ¿Y acaso vas tú a librarte? ¿Libraron sus dioses a las naciones que mis antepasados han destruido: Gozán, Jarán, Résef y la gente de Edén que vivía en Telasar? ¿Dónde están el rey de Jamat, el rey de Arfad, el rey de la ciudad de Sefarvayin, o de Hená o Ivá?» (2 Reyes 19:10-13)

Ahora observa lo que ocurre:

> Ezequías tomó la carta de mano de los mensajeros y la leyó. Luego subió al templo del Señor, la desplegó delante del Señor. (2 Reyes 19:14).

UNA ALEGRE INTERCESIÓN

El rey Ezequías hace un acto profético. Pone esta carta amenazante delante de la presencia de Dios. Le recuerda a Dios quién es Él. No es que Dios necesite que se le recuerden las cosas, pero tenemos que ponernos de acuerdo con el Cielo. Este es un buen lugar dónde empezar. Le pidió a Dios que se moviese a favor de Jerusalén.

Ahora, pues, Señor y Dios nuestro, por favor, sálvanos de su mano, para que todos los reinos de la tierra sepan que solo tú, Señor, eres Dios. (2 Reyes 19:19).

Isaías vuelve a enviar mensaje al rey Ezequías y le dice que a causa de que ha orado contra Senaquerib de Asiria, Dios le ha oído y le va a responder (ver 2 Reyes 19:20). ¡Ese fue un día feliz para Jerusalén!

Qué plan tan maravilloso. Un acto profético trajo la respuesta. Habló al nivel invisible. Este acto profético vino contra un gran imperio demoníaco.

Esa misma noche el ángel del Señor salió y mató a ciento ochenta y cinco mil hombres del campamento asirio. A la mañana siguiente, cuando los demás se levantaron, ¡allí estaban tendidos todos los cadáveres! (2 Reyes 19:35).

Esta historia es un buen ejemplo de vivir a la ofensiva. El plan A de Ezequías era Dios. Se mantuvo centrado en los caminos de Dios. Entendió la importancia de estar con Dios, en Su presencia.

Se necesita una gran valentía para mantener el rumbo. Esto se puede ver en Ezequías. Se necesita una gran valentía de nuestra parte para permanecer en el rumbo cuando las cosas a nuestro alrededor se están desmoronando.

Un Estilo de Vida a la Ofensiva

¿Te está funcionando tu plan? ¿Es Dios tu plan A? ¿Entiendes la importancia de Su presencia y que estar ahí es lo que te permitirá vivir un estilo de vida en la parte ofensiva?

Cuando oramos desde el estilo de vida ofensivo, nuestras oraciones son fuertes y poderosas porque hemos estado mucho tiempo con Dios y Él ha sellado en nuestros corazones nuestra identidad. De esa relación de amor nos convertimos en guerreros de amor, tomando las estrategias de Su corazón. Sabemos que, a causa de nuestra relación de amor con nuestro Padre, nuestras oraciones son poderosas. Cualquier cosa puede ocurrir.

Dios me mostró hace varios años lo fuertes que son nuestras oraciones. Al final de los años '90 estaba muy bien visto tener una espada en la iglesia. Muchos de nosotros sentimos que tener una espada era como decir proféticamente que estábamos en guerra y que Dios estaba peleando por nosotros. Las utilizábamos para la guerra espiritual y para hacer declaraciones proféticas. Todo tipo de actos proféticos se llevaban a cabo utilizando las espadas. Estaba en una conferencia en la que llamamos a todas las mujeres al frente y las investimos como "caballeras" del Reino. Fue un momento muy divertido.

Pensé que sería muy divertido obtener una daga. Me gustaba el fin para el que se usaban las dagas en tiempos de guerra. Las usaban para luchar y para sacar puntas de flecha que les habían herido durante la batalla.

Me metí en la Red para pedir una. Encontré una que se llamaba la daga guardiana del estado. Proféticamente eso me sonaba bien. Me sentía como la guardiana de mi estado. La encargué y esperé seis largas semanas hasta que llegó.

UNA ALEGRE INTERCESIÓN

Durante este tiempo en mi vida, me sentía como si estuviera atravesando un tiempo de sordera y no oyera a Dios hablar. Era un tiempo muy silencioso. Bueno, llegó el día en el que entregaron la daga en casa. No me podía creer lo grande que era la caja. Era casi de dos metros de larga. Pensé que debían empaquetar sus cosas muy minuciosamente. A medida que desempaqueté la caja, metí la mano y empecé a sacar esta espada tremendamente larga.

Al sacar la espada de la caja, los oídos de mi espíritu se me abrieron y oí, "Piensas que tus oraciones son como una daga, pero Yo pienso que tus oraciones son como esta espada".

La espada que recibí por correo ese día era una espada "claymore" de dos mangos. Se dice que William Wallace había utilizado este tipo de espada al luchar para conseguir la libertad de Escocia. Se usaban en la batalla. Los guerreros usaban ambas manos para agarrar la espada y controlaban los caballos con las piernas. Hay un lugar en la espada que tiene un trozo de piel que lo envuelve la parte en la que se pone la otra mano. En los tiempos de guerra de verdad solían tomar la piel del enemigo y la ponían alrededor de esa parte de la espada. Sí, sé que suena asqueroso, pero entiendes lo que quiero decir. Esta espada es conocida como *la guardiana del estado*. Cuando llamé a la compañía para comunicarles la equivocación me dijeron que me quedara con la espada.

Nunca he olvidado la palabra que el Señor me dio ese día. Siento que la imprimió en mi corazón como un regalo personal.

El día de Año Nuevo del año 2007, un grupo de nosotros tomamos esa espada y la llevamos a la costa del Pacífico a un pequeño pueblo donde habíamos estado orando por años. Un líder espiri-

Un Estilo de Vida a la Ofensiva

tual de esa región demoníacamente inspirado, se había muerto y había una gran conmoción en la atmósfera.

Cuando ocurre un cambio en la esfera espiritual, parece que se crea confusión y ocurren cosas muy raras. Sencillamente sabía que, cuando este hombre murió, iba a ver un cambio de liderazgo en la esfera espiritual. Ya que habíamos ido durante años y nos habíamos asociado en oración con los creyentes de esa área, sentí que el cambio que estaba teniendo lugar había empezado un par de semanas antes de que este hombre muriera.

Cuando recibí el e-mail diciendo que había muerto, la estrategia profética para la oración empezó a tomar forma. Hablando con otros y averiguando lo que estaban sintiendo y oyendo, supimos que era importante ir antes de Año Nuevo. Sentimos que había una pelea en la posición demoníaca.

Una semana antes de que todo esto ocurriera, estaba en casa cuidando dos de mis nietos, Judá y Diego. Estábamos jugando arriba en el cuarto de invitados. Judá decidió que él quería subirse a las estanterías del armario y saltar sobre un montón de mantas y almohadas. Suena divertido. Le miré mientras estaba jugando y oí la palabra, "estabiliza". Al escuchar más sentí que Dios me estaba hablando sobre el año que se avecinaba—que el año 2008 iba a ser un año de estabilización. Las cosas que habían estado descolocadas iban a ser traídas de vuelta y estabilizadas. Íbamos a traer una fuerza estabilizadora donde fuera necesaria.

Cuando fuimos a la costa para orar, nos dimos cuenta de que lo que estábamos haciendo ese día era "estabilizar"—estábamos trayendo una fuerza de estabilidad a esa zona y estábamos marcando paz por encima de la confusión. El hecho de traer la espada y de clavarla en la arena en la playa fue un acto profético, mostrándole a la esfera espiritual que las oraciones de los santos son fuertes y poderosas. Poco tiempo después de este viaje de oración, hablé con uno de los pastores de esa zona. Ella me dijo que estaba viendo más claramente, que tenía más claridad y menos confusión.

Nuestras oraciones son más grandes de lo que pensamos. Las estrategias que Dios nos da para orar cambian el mundo.

El Poder de Uno

La historia de I Samuel capítulo 14 es maravillosa. Muchos intercesores deberían poder identificarse con esta historia. Al leer y meditar en su contenido, una de las primeras cosas que captó mi atención fueron los versículos 4 y 5 que hablan de dos rocas afiladas. ¿Por qué pondrían esto en la historia? ¿Qué tiene que ver esto con nada? ¿Por qué querría el autor describir el aspecto de estas rocas y dónde estaban?

> *...y para llegar a la guarnición filistea Jonatán tenía que cruzar un paso entre dos peñascos, llamados Bosés y Sene. El primero estaba al norte, frente a Micmás; el otro, al sur, frente a Gueba* (1 Samuel 14:4-5).

De acuerdo con una traducción de la Biblia *(Spirit-Filled Bible)*: *Boses* quiere decir "brillante" o "deslizante". *Sene* quiere decir "roca afilada y rugosa, espinosa". Era la ruta menos probable que uno tomaría y de ahí la sorpresa de los filisteos cuando descubren a Jonatán.

Un Estilo de Vida a la Ofensiva

Estar en posición en esta guerra espiritual es muy importante. Muchas veces he sentido que vamos sigilosamente cuando vamos a orar a ciertas zonas. Te preguntarás, "¿es importante ir al lugar para orar, o puedes orar desde donde vives?" Sí y sí. La mayor parte del tiempo he tenido un sentir muy fuerte de que es importante ir.

Jonatán y su escudero no se lo contaron a nadie porque estoy segura de que si Jonatán se lo hubiera dicho a la gente hubieran intentado pararle o hubieran querido ir con él. La segunda opción hubiera frustrado todo el plan. No hubieran podido ir en secreto. La mayor parte del tiempo, nuestras oraciones como intercesores se hacen en secreto. Entonces los actos proféticos que vamos y hacemos son el fruto de nuestra intercesión.

El rey Saúl estaba sentado debajo de un granado (ver 1 Samuel 14:2). No quería ir contra los filisteos. El confort era el nombre del juego. Israel estaba esperando y deseando que su rey fuera a la batalla. Al ver todo esto Jonatán, se hartó. Así que con su escudero se fue en secreto para tomar a todo el campamento de los filisteos (ver 1 Samuel 14:6-14).

Dios está buscando intercesores que tengan pasión por Él y porque venga Su Reino. Ya sea por uno o por dos, a Él no le importa; se necesitó un solo hombre que caminó por este planeta hace más de dos mil años para cambiar el mundo para siempre. ¡Un hombre! Jesús.

Dijo, pues, Jonatán a su paje de armas: "Ven, pasemos a la guarnición de estos incircuncisos; quizá haga algo Jehová por nosotros, pues no es difícil para Jehová salvar con muchos o con pocos" (1 Samuel 14:6 RV60).

UNA ALEGRE INTERCESIÓN

Las anotaciones a pie de página de la versión New King James *Spirit-Filled Bible* para 1 Samuel 14:6 dice:

La palabra *incircunciso* era un término de decisión utilizado por los israelitas para designar a los gentiles o a los enemigos. Sin embargo, también es un recordatorio del pacto de Dios con Su pueblo. Jonatán y su escudero eran pueblo del pacto con Yahweh; por lo tanto, las posibilidades numéricas no eran aplicables, porque Jehová estaba de su parte.

¿No te encanta la actitud y el coraje de Jonatán? Al decir esto, está haciendo una declaración sobre sus enemigos que tiene dos vertientes: (1) eres el enemigo de Yahweh, y (2) llevo conmigo una gran multitud hoy. Estoy bajo un pacto con el Dios de todos los dioses y el Rey de todos los reyes.

Esa es la actitud que necesitamos en nuestros espíritus cuando llevamos nuestras intercesiones. Los números no tienen nada que ver con lo que Dios quiere hacer en la esfera espiritual. Lo que importa es, sencillamente, la pasión y el coraje.

Lo que Jonatán y su escudero hicieron ese día hizo que hubiera una gran conmoción tanto en la esfera invisible como en la esfera terrenal. Nadie en su sano juicio hubiera hecho lo que Jonatán hizo ese día, diciéndole a su escudero,

«Bien —dijo Jonatán—; vamos a cruzar hasta donde están ellos, para que nos vean. Si nos dicen: "¡Esperen a que los alcancemos!", ahí nos quedaremos, en vez de avanzar. Pero, si nos dicen: "¡Vengan acá!", avanzaremos, pues será señal de que el Señor nos va a dar la victoria» (1 Samuel 14:8-10).

Un Estilo de Vida a la Ofensiva

Pero, ¿cuántos de nosotros sabemos que no peleamos esta batalla con nuestras mentes sino con nuestros espíritus? Mira lo que ocurre:

Entonces los soldados de la guarnición les gritaron a Jonatán y a su escudero: «¡Vengan acá! Tenemos algo que decirles». «Ven conmigo» le dijo Jonatán a su escudero, «porque el Señor le ha dado la victoria a Israel». Jonatán trepó con pies y manos, seguido por su escudero. A los filisteos que eran derribados por Jonatán, el escudero los remataba. En ese primer encuentro, que tuvo lugar en un espacio reducido, Jonatán y su escudero mataron a unos veinte hombres. Cundió entonces el pánico en el campamento filisteo y entre el ejército que estaba en el campo abierto. Todos ellos se acobardaron, incluso los soldados de la guarnición y las tropas de asalto. Hasta la tierra tembló, y hubo un pánico extraordinario (1 Samuel 14:12-15).

Observa el fruto de la pasión de un hombre por servir a la justicia:

Enseguida Saúl reunió a su ejército, y todos juntos se lanzaron a la batalla. Era tal la confusión entre los filisteos, que se mataban unos a otros. Además, los hebreos que hacía tiempo se habían unido a los filisteos, y que estaban con ellos en el campamento, se pasaron a las filas de los israelitas que estaban con Saúl y Jonatán (1 Samuel 14:20-21).

UNA ALEGRE INTERCESIÓN

Los hebreos y los que estaban escondidos, que no eran parte del ejército de Saúl—los renegados—vinieron al lado de Saúl para luchar. El coraje de uno se convirtió en el coraje de muchos.

Así libró el Señor a Israel aquel día, y la batalla se extendió más allá de Bet Avén (1 Samuel 14:23).

¡Qué comience el cambio!

NOTAS FINALES

1. Dutch Sheets, *Intercessory Prayer* (Ventura, CA: Regal Books, 1996), 116.

2. Allan Moorhead, "Law Verses Grace, Part 1" (2003), http://mayimhayim.org/Allen/Law%20vs%20Grace%201.htm (accessed 17 Sept 2008).

Propiedad

Considero a Redding, California, mi hogar. No sólo es mi hogar, es mi tierra. Creo que lo que hablo y oro sobre mi ciudad va a marcar la diferencia. Esto mismo es cierto para vosotros; el lugar donde vives es tuyo. Somos líderes espirituales de nuestra tierra. Como intercesores, necesitamos tomarlo en serio.

Hace varios años, hubo un asesinato brutal en nuestra ciudad. Dos jóvenes asesinaron a otros dos hombres simplemente porque eran homosexuales. Me desperté esa mañana y leí el periódico para enterarme de lo que había ocurrido en nuestro país. Las noticias me entristecieron. Me fui a la casa de oración y lloré delante de Dios. Le pedí perdón por los asesinatos que habíamos cometido en nuestra ciudad. Lloré por misericordia para que Dios sanase nuestra tierra del derramamiento de sangre.

UNA ALEGRE INTERCESIÓN

Son tantas las naciones que has saqueado que los pueblos que se salven te saquearán a ti; porque es mucha la sangre que has derramado, y mucha tu violencia contra este país, contra esta ciudad y sus habitantes... "¡Ay del que construye una ciudad con asesinatos y establece un poblado mediante el crimen!" (Habacuc 2:8,12)

Como intercesora que soy, mi tarea es apropiarme de las cosas que ocurren en esta zona. Tal vez digas, "espera, obviamente no has sido tú quien ha cometido el crimen, o sea que ¿por qué te echas la culpa?" Porque yo me he "apropiado" de mi tierra, cuando algo malo y pecaminoso ocurre en esta zona me lo tomo como si fuera mío. Si algo ha salido mal, veo que es mi responsabilidad el arreglarlo a través de la confesión y del arrepentimiento.

Hace muchos años, un grupo de gente de la Primera Nación fue masacrada en nuestra zona. Cuando ocurrió la masacre, ni siquiera había nacido. De hecho, no jugué ningún papel en esta atrocidad tan horrible. Pero, ya que Dios me ha colocado en esta zona, creo que Dios me ha dado la responsabilidad de luchar a favor de esta región. Esta región en el Norte de California es más que mi hogar; es el lugar que amo.

Como resultado de esto, me he convertido en una reconciliadora, una persona que ora por reconciliación, que ora por sanidad para la tierra. De hecho, un reconciliador ayuda a que la gente se reúna. La *reconciliación* quiere decir "traer propiciación; el acto de armonizar o hacer que algo sea consistente; traer acuerdo entre cosas aparentemente opuestas o inconsistentes".

Todo esto proviene de Dios, quien por medio de Cristo nos reconcilió consigo mismo y nos dio el ministerio de la reconciliación: esto es, que en Cristo, Dios estaba reconciliando al mundo consigo mismo, no tomándole en cuenta sus pecados y encargándonos a nosotros el mensaje de la reconciliación (2 Corintios 5:18-19).

Al arrepentirme de este pecado por un grupo de personas y por una tierra, estaba reconciliando. A través de nuestra intercesión y arrepentimiento traemos armonía al ambiente que nos rodea. Jesús se apropió de los pecados que otras personas habían cometido, aunque Él era sin pecado. Cuando nos apropiamos de los pecados que han ocurrido en una región y nos arrepentimos en lugar de esas personas, como si fuésemos las personas que han cometido los pecados, nos apropiamos de la tierra.

Un día, mientras estaba orando, sentí que el Señor me dijo que orase por el gobierno. El sentimiento era que ésta debía ser una meta a largo plazo, algo que tendría que orar durante el resto de mi vida, hasta tal punto que mi primera dirección de correo electrónico tenía la frase "prayfor5" (ora por 5) como parte del nombre.

Uno de los significados del número *cinco* es el gobierno quíntuple. ¿Por qué tipo de gobierno quería Dios que orase? Las tres áreas clave son (1) el gobierno físico de nuestra nación, (2) el gobierno espiritual de nuestra zona y (3) los oficios gubernamentales quíntuples de la Iglesia —apóstol, profeta, evangelista, pastor y maestro.

Mientras escribo este libro, ya han pasado 12 años y el objeto de mi oración no ha cambiado. Sigue habiendo tres áreas clave en mi vida. Estas áreas de oración han hecho que tenga unas aventuras muy sorprendentes. Dios ha traído a muchas personas con un sentir similar para ayudar con esta aventura. Las estrategias y los actos proféticos que han salido a relucir han sido tremendamente divertidos y activos y están llenos de la energía del Espíritu Santo.

Estaba leyendo un libro sobre la historia del país en el que vivo. A medida que leía sobre las masacres que se les hicieron a los indios, me di cuenta de que se debía hacer algo. Empecé a orar y a preguntarle a Dios lo que deberíamos hacer para traer sanidad a nuestra tierra.

Los indios Wintu eran los nativos de la zona de Redding. Son los primeros propietarios de esta región. He llegado a conocer a varios de ellos y son personas maravillosas y generosas. A pesar de sus heridas, son unas personas valientes que siguen trabajando para mantener su buen nombre. Hace muchos años se les dejó de reconocer como pueblo y perdieron su nombre y siguen sin ser reconocidos por nuestro gobierno. Hay muchos reglamentos y leyes con los que se tienen que enfrentar. Ha sido una batalla dura. Pero son personas muy fuertes.

Dios trajo a una maravillosa mujer Wintu a mi vida cuyo nombre es Donna. O, tal vez debería decir, yo fui traída a su vida. Nos sentamos y hablamos y oramos juntas. Me dio información acerca de su pueblo. Un día Donna me vino a visitar y me preguntó si había oído el dicho de "enterrar el hacha". Le dije que sí. Me dijo que eso es lo que hacían cuando querían arreglar algo, terminar con una disputa.

Acabábamos de terminar nuestra casa de oración, aunque todavía no habíamos terminado con las labores de paisajismo. Decidimos que "enterraríamos el hacha" en la parte del norte de la casa de oración. Ese sería un lugar perfecto. Tomamos a un grupo pequeño de personas y, como acto simbólico, enterramos un hacha. Donna trajo un hacha india y la enterramos.

Ese fue uno de los primeros actos proféticos que hicimos juntos en nuestra región. Donna, muchos otros intercesores y yo hemos ido por todo nuestro condado y hemos orado y liberado limpieza en el ambiente. Al hacer eso, nosotros como reconciliadores de Dios estamos diciendo, "Dios, sabemos que nos has dado la responsabilidad de traer el ministerio de la reconciliación, y nos estamos apropiando de ello. Haremos todo lo que quieras que hagamos, cuando quieras que lo hagamos y Tú nos mostrarás cómo hacerlo".

Fui a una conferencia en Redding hace años. Habían invitado a un orador que era un líder de las Primeras Naciones. A medida que hablaba sobre ayudar a las gentes de las Primeras Naciones, mencionó la ayuda monetaria. Me di cuenta de que teníamos que poner el dinero en el lugar de nuestras palabras.

Teníamos una cierta relación con el pueblo Wintu a través de nuestra amiga Donna, pero ahí se acababa todo. Uno de los ancianos de nuestra iglesia también estaba en la conferencia. Nos envió un correo electrónico y mencionó que había oído esto mismo en una reunión y que había pensado que sería una gran idea el hacer una donación a la tribu Wintu.

Llamé a nuestra amiga y le pregunté si Bill y yo nos podíamos reunir con el concilio de la tribu. Ella hizo los preparativos. Mientras tanto, escribimos una carta para la tribu Wintu que le daríamos junto con un cheque. En la carta nos referimos a ellos como los primeros propietarios de esta zona y les honramos por

UNA ALEGRE INTERCESIÓN

lo que son. También explicamos que la iglesia de Betel, nuestra iglesia, les entregaría un cheque mientras que Betel existiera.

Esa noche, en la reunión tribal, no había ni un solo ojo seco en ese lugar. Fue un momento que nunca olvidaré. La reconciliación que tuvo lugar en todos nuestros corazones cambió de manera permanente la atmósfera de nuestra ciudad. Sí, todavía hay heridas y dolor, pero tenemos amigos ahora y seguimos orando y ayudando cuando se nos pide que lo hagamos.

Esa noche, en la reunión se intercambiaron muchos regalos. Uno de estos regalos fue un árbol de retoños rojos que recibimos de la tribu. Lo plantamos en el jardín de la casa de oración. Desde entonces, hemos recibido más árboles de la tribu como confirmación de nuestra relación.

Poco después de esta reunión, empezamos a ver cómo se empezó a hablar de los pueblos de las Primeras Naciones en las noticias. Vimos que todavía había luchas, pero empezó a surgir el reconocimiento. Se empezó a dar honra a quien se la merecía (ver Romanos 13:7).

Hay muchos ejemplos de intercesores en la Biblia, el mayor de ellos, Jesús. Cuando Jesús dijo, "Consumado es", (Juan 19:30) se acabó Su ministerio de intercesión en la tierra. Recuerda, un intercesor hace un ruego a favor de otra persona ante alguien que está en autoridad, especialmente si esa persona va a ser castigada. Jesús era nuestro intercesor. Él se colocó entre Dios y el pecado humano. No sólo se colocó a favor nuestro, sino que también se convirtió en pecado por nosotros.

Propiedad

Al que no conoció pecado, por nosotros lo hizo pecado, para que nosotros fuésemos hechos justicia de Dios en él (2 Corintios 5:21 RV60).

Porque lo que era imposible para la ley, por cuanto era débil por la carne, Dios, enviando a su Hijo en semejanza de carne de pecado y a causa del pecado, condenó al pecado en la carne... (Romanos 8:3 RV60).

Otra ocasión que nunca olvidaré es cuando nuestra ciudad dedicó nuestro *Sun Dial Bridge* el 4 de julio del 2004. Para empezar, la ciudad le pidió al jefe de la tribu Wintu que vinieran y fueran los primeros en pisar el Puente y orar sobre él. Así que, mientras una gran multitud de personas estaban observando en uno de los extremos del puente, el jefe de la tribu y un delegado del concilio de la tribu atravesaron el Puente desde el otro extremo.

Nunca había oído de nada parecido que honrase a la tribu en Redding. Mientras nuestra ciudad observaba la ceremonia, algunos lloramos porque sabíamos que la reconciliación que había tenido lugar en esa reunión con el concilio había sido la causa de este efecto dominó sobre nuestra ciudad. Cuando el concilio de la tribu terminó su parte de la ceremonia, la madre del jefe, que estaba de pie al lado de su hijo, se volvió a mí y con los labios dijo, "gracias". Ambas sabíamos el por qué.

Eso es apropiarse; tomar tu lugar como propietario que carga con la responsabilidad. En un negocio, el propietario hace lo que sea para mantener ese negocio en un lugar de favor ante la comunidad. Bueno, como intercesores hacemos lo mismo. Hacemos lo que sea necesario para mantener nuestra región en un lugar de favor delante de Dios. Cuando nos arrepentimos en nombre de la gente que ha cometido los pecados de la tierra, lo denominamos *arrepentimiento por identificación*.

En el contado de Shasta, se cosecha marihuana durante dos meses y medio al año. Ya que gran parte del condado de Shasta es remoto y se encuentra en las laderas de los montes del norte del estado de California, se cultiva mucha marihuana, no sólo en nuestro condado, sino también en los condados que lo rodean. Es un gran negocio. El dinero que se recauda como consecuencia de su cultivo se utiliza, a su vez, para crear otras drogas.

Cuando trabajé como ayudante de un profesor hace muchos años, todos los profesores tenían que hacer un curso de concientización sobre el abuso de drogas e impartir una clase de educación preventiva. Nos dijeron que la marihuana era la puerta de entrada al mundo de la droga, que cuando empiezas a utilizar marihuana es tan sólo cuestión de tiempo para empezar a experimentar con otras drogas. También es la droga que te suministra el dinero para comprar drogas más peligrosas.

Una de las mujeres de nuestra iglesia me dijo que uno de sus hijos quería hablar conmigo acerca del negocio de las drogas en nuestra zona. Este joven no era salvo y él mismo era traficante. Estuve de acuerdo en reunirme con él para hablar. Empezó a contarme muchas cosas interesantes acerca de nuestra zona y de lo que estaba ocurriendo. Fue una charla muy esclarecedora ya que la información me conmovió por dentro para que orase. Le pedí a Dios que me mostrase cómo orar de manera estratégica.

Me gusta ver en televisión el canal del tiempo y también me gusta leer la página del tiempo en nuestro periódico local. Mi esposo no entiende por qué me siento y veo el canal del tiempo.

Propiedad

Creo que debe ser porque es algo que se predice. Te informa de lo que está por venir.

Había estado orando durante dos semanas acerca de todo este asunto del anillo de drogas en nuestra comunidad. Una mañana estaba leyendo la página del tiempo en nuestro periódico y me di cuenta de que había un pequeño cuadro con las fases de la luna. Nunca le había prestado atención a eso, pero captó mi atención esa mañana. Ese pequeño cuadro me mostraba la fecha y ocasiones donde habría luna llena y luna nueva. Mentalmente almacené esa información y terminé de leer el periódico. Cuando acabé, cogí mi Biblia y empecé a leer donde me había quedado la vez anterior: Salmo 81. Leí hasta el versículo 4 y me paré. Decía así:

Tocad la trompeta en la nueva luna, en el día señalado, en el día de nuestra fiesta solemne. Porque estatuto es de Israel, ordenanza del Dios de Jacob (Salmos 81:3-4 RV60).

Algo me detuvo y me di cuenta de que no era un error que acabase de leer acerca de las fases de la luna en el periódico para, acto seguido, leer acerca de eso mismo en la Biblia. Ahí sentada, supe instantáneamente lo que iba a hacer. En ese momento supe lo que Dios me estaba diciendo que hiciera.

A esto se le llama el lenguaje del Espíritu. Es el hombre espiritual que capta el movimiento del Cielo. Sentí que debía ir al límite norte de nuestro estado y tocar el shofar en la fase de la luna al amanecer. Hemos aprendido por experiencia que, cuando se ora al amanecer, el Cielo está abierto. Parece como que hay un hilo directo entre el Cielo y la tierra.

Una de mis amigas conoció a un líder espiritual nativo americano que la miró y le dijo, "Ah, tú oras pronto por la mañana,

UNA ALEGRE INTERCESIÓN

¿verdad?" Ella respondió, "Sí". Él le dijo que, cuando se ora al amanecer, hay más apertura.

Con esta información, llamé a una amiga y le conté lo que estaba pasando y la pregunté si vendría conmigo. Esperamos hasta la siguiente fase de la luna y nos dirigimos hacia el límite norte del estado. Llegamos ahí justo al amanecer y tocamos el shofar. Cuando nos volvimos a meter en el coche, empezamos a orar. De mi boca surgieron estas palabras: "Señor, te pido que nos perdones por permitir que un espíritu de brujería entre en nuestra región". Nos sobrevino un profundo clamor al interceder por nuestro estado pidiéndole a Dios que nos redimiese y que tuviese misericordia. Como siempre, terminamos con un tiempo de gozo y alabanza. Después nos fuimos a casa.

Resultó ser el tiempo de la cosecha de marihuana. Pasó una semana. Un día, mirando el periódico, vi nuestra primera respuesta: había habido un decomiso de droga. Durante los dos meses y medio siguientes vimos diariamente más y más "buena" cosecha. No solo eso, sino que también hubo más decomisos de droga.

Un camión estaba viajando por la autopista interestatal 5 hacia el sur de donde nos encontrábamos. Tuvo un accidente, volcó y derramó todo un laboratorio de meta-anfetamina. En otra ocasión, la policía de carretera paró a un hombre por cambiar de carril ilegalmente, nada por lo que hubiera sido arrestado, pero el otro policía se paró y acercó a su perro en el coche de este hombre. El perro estaba adiestrado para encontrar contrabandos de droga. Abrieron el maletero de este hombre y encontraron un millón cien mil dólares en cocaína. Este hombre iba de camino a Canadá.

Propiedad

Al final de la época de la cosecha, el periódico anunció que había sido la mayor cosecha policíaca de marihuana en la historia del condado de Shasta. Recibí una llamada del joven que me había dado toda la información. Me dijo que uno de sus amigos de Canadá le llamó preguntándose qué estaba ocurriendo porque casi no estaban llegando drogas.

Te tengo que decir que, cuando el joven salió de la oficina ese día, le dije que pronto se daría cuenta de quién era. A las dos semanas, vino al Señor y fue salvo. Con el tiempo, se graduó en nuestra escuela de ministerio. ¡Vaya! Fue una época muy interesante en la que las oraciones estaban siendo respondidas debido a una gran estrategia que funcionaba.

Uno de los ministerios, aquí en nuestra ciudad, ha realizado una gran tarea a la hora de reunir a los líderes políticos y a los líderes espirituales de la ciudad. Nos reunimos de vez en cuando para almorzar y hablar. En una de estas reuniones, le pidieron a nuestro sheriff que compartiese sobre lo que estaba ocurriendo en nuestra ciudad. No sólo dio buenas noticias ese día. Pero fue bueno oír lo que dijo para que pudiésemos orar de una manera más efectiva como líderes espirituales.

Una de las buenas cosas que contó fue la manera en la que el departamento de policía estaba trabajando para combatir el problema de la droga en nuestra ciudad. Nos dijo que acababan de completar una operación de cosecha de plantas de marihuana. En dos semanas habían recolectado 284.000 plantas, y para el final de la estación tenían proyectado recolectar 365.000 plantas. Cinco mil plantas producen mil seiscientos millones de dólares.

UNA ALEGRE INTERCESIÓN

Quiero retroceder en esta historia y hablar acerca de la oración que hicimos en el límite del norte del estado: "Perdónanos por permitir que haya un espíritu de brujería en nuestra región". Hay tres versículos en la Biblia que hablan de brujería: 2 Crónicas 33:6, Gálatas 5:20 y Apocalipsis 18:23. En 2 Crónicas 33:6, la palabra *brujería* es la palabra hebrea *kashaph*, que quiere decir "practicar la brujería, brujo, bruja".

En los dos otros versículos en Gálatas y en Apocalipsis, la palabra *brujería* es una palabra griega, *farmakeia*, que quiere decir, "el uso o administración de drogas, envenenar, brujería, artes mágicas". Cuando oramos ese día en el norte, estábamos en lo correcto. Una vez más, estábamos apropiándonos. Estábamos pidiendo que hubiera una limpieza en la tierra.

Esto tiene mucho sentido y nos da el entendimiento para penetrar en la vida de adicción a las drogas. Es como un encantamiento. Al orar por aquéllos que amamos y que son adictos y están atrapados en esa maldición del diablo, recordemos que tenemos que dirigirnos a la brujería que ha venido a destruirles. Que seamos el intermediario para aquéllos que sabemos que están viviendo con adicciones.

Una de mis historias favoritas sobre apropiarse en la Biblia se encuentra en Génesis 26.

Hay una hambruna en la tierra e Isaac va de camino a Egipto. Por el camino, se para en Gerar. Dios le habla y le dice que se quede ahí y que no baje a Egipto. En el versículo 2, Dios le dice que habite en la tierra que "Yo te diré" (ver Génesis 26:2). Dios dice en los versículos 3-5 que quiere que Isaac habite en esta tierra, que bendecirá a Isaac y a sus descendientes:

Propiedad

Habita como forastero en esta tierra, y estaré contigo, y te bendeciré; porque a ti y a tu descendencia daré todas estas tierras, y confirmaré el juramento que hice a Abraham tu padre. Multiplicaré tu descendencia como las estrellas del cielo, y daré a tu descendencia todas estas tierras; y todas las naciones de la tierra serán benditas en tu simiente, por cuanto oyó Abraham mi voz, y guardó mi precepto, mis mandamientos, mis estatutos y mis leyes (Génesis 26:3-5).

En el versículo 6 dice que Isaac habita en la tierra como Dios le mandó hacer y en el versículo 12 dice que Isaac sembró en la tierra (ver Génesis 26:6,12). Pero en los versículos 7-11, Isaac le miente a Abimelec diciéndole que Rebeca es su hermana en vez de su esposa.

¿Te has preguntado alguna vez, como yo, por qué los versículos 7-11 están en la Biblia? Estoy segura de que hay muchas razones por las que esos versículos están ahí. Tal vez es porque su padre, Abraham, hizo lo mismo y hay una lección que debe ser aprendida. O, tal vez, es sencillamente que Dios nos cubre cuando hacemos tonterías. Esa pequeña mentira de Isaac podría haberle causado la muerte a alguien. Tal vez hasta una guerra, ¿quién sabe? Pero Dios. Siempre es Dios.

Pero Dios, que es rico en misericordia, por su gran amor por nosotros (Efesios 2:4).

Me encantan estas partes de la Biblia que muestran hasta qué punto necesitamos la misericordia de Dios cada minuto.

Al continuar con esta historia de Isaac, entendemos que Isaac está habitando y sembrando la tierra. Cuando Dios le dice a Isaac

UNA ALEGRE INTERCESIÓN

que habite en la tierra, Dios le está diciendo, "Quiero que te quedes bastante tiempo. Esta es tu tierra". Porque eso es lo que habitar quiere decir: "vivir como residente". Y eso es lo que hizo Isaac. Isaac sembró la tierra. Eso quiere decir que era agricultor. Dice que Isaac sembró en esa tierra y segó ese mismo año al ciento por ciento, y el Señor le bendijo. La Biblia dice que Isaac fue tan bendecido y próspero que los filisteos que vivían allí le envidiaban. Hasta el rey les pidió que se fueran de allí.

En Génesis 21:22-34, Abraham había cavado un pozo y el siervo del rey Abimelec le había robado el pozo. A causa de este robo, el rey había pedido a Abraham que fuese propicio para con él y no le hiciese daño ni a él ni a su pueblo. Con motivo de este acuerdo, los dos hombres hicieron un pacto. El acuerdo había sido que el pozo le pertenecía a Abraham y este pozo se llamaría *Beerseba* (el juramento). (Ver Génesis 21:22-34).

Ahora, te estarás preguntando por qué es tan importante este pozo. Si alguna vez has estado en Israel y has viajado a la parte sur donde está Beerseba, sabrás lo importante que es el agua. Esa zona es muy seca, pero no sólo eso. Cuando alguien cavaba un pozo, él o ella reclamaba el terreno que rodeaba al pozo. Así, cuando Abraham cavó el pozo de Beerseba, estaba diciendo, "Esta es mi tierra y es tierra de mis descendientes".

El versículo 15 de Génesis 26 nos dice que los filisteos habían tapado los pozos que Abraham había cavado (ver Génesis 26:15). Lo que estaban haciendo —y creo que sabían exactamente lo que estaban haciendo— era esconder cualquier evidencia de que la tierra le perteneciese a otra persona.

Al estudiar este versículo, me di cuenta de que no sólo llenaban los pozos con tierra, sino que también metían animales muer-

Propiedad

tos en el pozo para que pareciese que ahí no había habido nada antes. Es interesante que el mismo acto que se utiliza para hacer un pacto, se usa para romperlo.

Pienso que, mientras Isaac estaba sembrando la tierra, descubrió los pozos de su padre. La Biblia dice que el volvió a cavar todos los pozos de su padre y les volvió a dar sus nombres (ver Génesis 26:18). Isaac llegó a la tierra, se encontró con lo que le pertenecía, y se apropió de ello de nuevo. La historia sigue diciendo que cavó cinco pozos más en esa región, y que el rey vino y le dijo, "Ciertamente hemos visto que Jehová está contigo. Haya ahora un juramento entre nosotros" (Génesis 26:28). Isaac tan sólo volvió a tomar lo que era suyo por derecho.

Cuando oramos sobre nuestra tierra volvemos a cavar los pozos —estas cosas que fueron una vez lugares de vida— y encontramos pozos nuevos de agua viva, hacemos exactamente lo que hizo Isaac. Reclamó su tierra; reclamamos nuestra tierra. Entonces Dios mostrará Su favor hacia nosotros y veremos ese favor sobre nosotros y sobre la tierra que Dios nos ha dado.

Jesús, Nuestro Ejemplo de Gozo

Fuimos pastores en la iglesia en Weaverville, California, como ya mencioné, durante 17 años. Fue un gozo para nosotros criar tres hijos muy vivarachos en una pequeña comunidad de montaña. La iglesia era una familia. Durante varios años, cuando llegaba la fecha de Semana Santa, teníamos la reunión al amanecer y luego íbamos a diferentes hogares a tomar el desayuno de Pascua. Especialmente para nuestro segundo hijo, Brian, que en aquél entonces tenía tres años, la comida era algo muy especial.

Le encantaban esos momentos especiales porque también había dulces.

Estábamos en la mesa tomando nuestro desayuno de Pascua, pero Brian lo estaba pasando mal para terminar los huevos porque ya había visto que los rollos de canela estaban encima de la

UNA ALEGRE INTERCESIÓN

cocina. Intentar razonar con él no nos estaba llevando a ningún lado, así que Bill, siendo un hombre lleno de sabiduría, tomó a Brian con su palto de huevos, caminó con él hasta la cocina y le dijo, "Brian, si te comes los huevos, podrás comer un rollo de canela". Así que Brian se sentó ahí, sobre las rodillas de Bill, comiéndose los huevos sin quitarle los ojos de encima a los rollos de canela. Cuando terminó, le dimos su bollo. Había sufrido la cruz (los huevos) por el gozo (bollo) puesto delante de él. Tal vez esta sea una historia muy tonta, pero ilustra un buen punto.

Los intercesores deberían ser las personas más felices del planeta porque conocen los planes de Dios. Dios está de buen humor y quiere dar buenas dádivas a Sus hijos. Como intercesores, nuestra tarea es estar de acuerdo con esos planes. Como intercesores, debemos poder admitir que a Dios le gusta motivarnos con dones. Podemos verlo en las Escrituras.

Puestos los ojos en Jesús, el autor y consumador de la fe, el cual por el gozo puesto delante de él sufrió la cruz, menospreciando el oprobio, y se sentó a la diestra del trono de Dios (Hebreos 12:2 RV60).

Jesús aguantó mucho mientras estuvo en la tierra y lo aguantó por la promesa de gozo que fue colocada delante de Él. ¡A Jesús le gusta el gozo! Aquí vemos que el Rey de reyes y el Señor de señores se hizo hombre, lo escogió Él. Y lo aguantó (sufrió) todo por gozo. Eso en sí mismo era suficiente como para darle toda la perseverancia que necesitaba; soportar el sufrimiento de estar en el cuerpo de un hombre después de haber vivido en el nivel celestial lleno de luz, poder y gozo. En mi opinión, el gozo es lo que le mantuvo soportando la vida terrenal y la muerte.

Tenemos escuela de primaria en nuestra iglesia en Redding. Cada año tiene un programa de danza y drama. Tiene que ver con la creación, la vida de Jesús y la guerra entre el nivel demoníaco y el nivel angelical. Una de las escenas muestra a los ángeles de pie en el Cielo observando cómo Jesús es acusado, golpeado y crucificado en la cruz. Los ángeles se sienten tan molestos porque se les ha dado instrucciones de no ir a defenderle. En ningún otro momento se les había retenido para no ir a ayudar a Jesús. Las Escrituras dicen que sufrió esto a causa del gozo.

Como pueblo del poder de Dios, creemos que estamos trayendo el Cielo a la tierra. El gozo es una parte muy importante del Cielo. El Cielo está lleno de gozo. Es nuestra responsabilidad traer eso aquí, a la tierra.

No hay depresión en el Cielo, así que no tenemos ningún derecho legal para estar deprimidos. Si estás deprimido, necesitas reevaluar tu vida. Descubre por qué y, en beneficio tanto del Cielo como de la tierra, arréglalo. El mundo necesita ver gente feliz, gozosa y viva que aman y sirven a causa del gozo.

Si acaso digo: «Olvidaré mi queja, cambiaré de expresión, esbozaré una sonrisa» (Job 9:27).

Tal vez pienses, "¿Pero, qué pasa con todas las cosas horribles que están ocurriendo en el mundo? ¿No deberían afectarnos?" Sí, deberían. Me encontré con una mujer en nuestra iglesia que quería contarme algunas cosas que estaban ocurriendo en nuestra ciudad en lo que respecta al ocultismo.

Después de vernos, me fui directamente a la casa de oración. Me sentía algo cargada y necesitaba saber cuál era el punto de vista de Dios sobre todo lo que acababa de oír. Al caminar por el jardín de oración, tuve una visión.

En la visión, estaba en un lugar familiar con Jesús. Estábamos andando agarrados de la mano, de forma parecida a cómo dos muy buenas amigas se darían la mano, hombro con hombro. Parecía como si estuviésemos compartiendo secretos íntimos. Estaba hablando con Él acerca de la información que acababa de recibir.

Miré a Su otra mano que estaba cerrada. Podía notar que, en secreto, estaba agarrando algo en esa otra mano. Le pregunté qué era lo que tenía en Su otra mano. La abrió y vi que estaba agarrando el mundo. Parecía tan pequeño. Cuando lo vi, se fue toda mi pesadez y me di cuenta de que todo estaba bajo Su control y en Su mano. Ahora, eso no quiere decir que dejase de orar sobre estos asuntos que conciernen a mi ciudad. Pero sí significa que no llevaba la pesadez anterior. Ves, Jesús ya hizo eso. Él lo llevó todo en la cruz.

Lo que acarrea la obra completa de Jesús en la cruz es que ahora podemos luchar desde la victoria y no para conseguir la victoria. Como intercesores estamos orando y rogando a Dios por cosas que ya son nuestras a causa de lo que hizo Jesús en la cruz.

Cuando Jesús dijo, "Consumado es", ¿puedes imaginar lo que ocurrió en el Cielo y en la tierra? Puedo ver al nivel demoníaco decir, "Sí, consumado es y hemos ganado", para después sorprenderse a los tres días cuando Jesús venció a la muerte. Sí, estaba consumado para los demonios del infierno. Tenían que volver a escribir en la pizarra un plan totalmente nuevo. Pero en el Cielo, sabían lo que Jesús estaba diciendo. Ahora todo estaba completo, todo lo que vino Jesús a hacer en la tierra, incluyendo el ser un ejemplo para nosotros. Había terminado Su labor.

Es muy importante que, como intercesores, tengamos una revelación de lo que Jesús hizo mientras estaba aquí en la tierra. Jesús vino a liberar a los cautivos. Sanó a los enfermos, levantó a los muertos y echó fuera demonios (ver Lucas 4:18). Si estamos llevando continuamente una atmósfera de penas, llevando a cuestas lo que Jesús ya llevó en la cruz (todos los pecados y sentimientos que acompañan a ese dolor), entonces estamos negando lo que Jesús hizo por la humanidad.

¿Te das cuenta que he dicho "llevar"? Estoy hablando a aquéllos que "llevan" el peso y la carga de otra persona por ahí, aun cuando Jesús ya lo ha llevado a la cruz en nuestro lugar. Jesús dijo, "¡Consumado es!" Mi esposo tiene un sermón en el que dice lo siguiente, "¿Qué parte de 'consumado es' no entiendes?" Si podemos captar este pensamiento y ponerlo en nuestros corazones, nuestras vidas de oración van a cambiar. Vamos a estar confiados en lo que Jesús hizo y nos convertiremos en aquéllos que van repartiendo Su Reino aquí, en la tierra.

No estoy diciendo que no haya veces en que orando profundamente no sintamos y oremos con una carga. Podemos llevar esto en tiempos de oración, pero siento que no se nos permite llevarlo fuera de nuestras intercesiones. Hay un programa de intercambio a nuestro alcance. Le damos *las cargas pesadas*; Él nos da *paz*.

Me he dado cuenta de que la gente con un don de misericordia parece luchar con el hecho de llevar esta pesadez más que otras personas sin este don. Tienen que ver cómo se lleva a cabo la misericordia y la justicia, y cuando esto no ocurre, pueden llevar el dolor y las heridas. Se puede ver en sus ojos. Se convierte en una *misericordia no santificada* porque se lleva en la fuerza humana. La solución mejor es intimar más con Dios y recibir Sus palabras. Cuando vi ese mundo tan pequeño en la mano de Jesús, todo mi temor y preocupación se desvaneció.

El Factor Miedo

El temor es nuestro enemigo. Puedes encontrar el temor alrededor de cualquier tema de tu vida que no esté centrado en las cosas del Reino. Una anotación sobre los espíritus familiares: son familiares y a veces son las únicas cosas que nos pueden traer consuelo, aunque sea falso. Por lo tanto, nos podemos sentir bien cuando estamos envueltos de esa forma. Cuando tienes un encuentro radical con Dios, obtienes las herramientas para contraatacar.

En la iglesia en Weaverville, mi esposo dirigía la reunión de oración los viernes por la noche. Una vez, llegué tarde a la reunión. Me sentía muy baja de moral y deprimida. Estábamos atravesando todo un cambio en nuestro ministerio y había abierto la puerta a un espíritu familiar. Debería haber sabido actuar mejor. Pensé que me podía permitir el sentirme un poco preocupada por mí. Ese fue mi error.

Entré en la habitación y fui directamente hacia donde estaba Bill. Él estaba al teclado dirigiendo el tiempo de adoración. Me senté a sus pies. Me dijo después que, cuando me senté, me miró y sobre mi pierna había un pequeño demonio. Se inclinó para apartarlo de mí y éste le mordió antes de irse.

Extraño, pero creo que ese demonio era un espíritu familiar que había sido enviado para atormentarme. Esa noche entendí algo. Cuando Dios te da libertad es tú responsabilidad mantenerla. No puedes ir por ahí abriendo antiguos sentimientos y antiguos patrones de pensamiento bajo los que estuviste esclavizado. Cuando haces eso, le das permiso al atormentador para que venga. Esa noche fui liberada, gracias al discernimiento de mi esposo.

Esto es lo que 2 Corintios 10:3-5 señala cuando dice:

Pues aunque vivimos en el mundo, no libramos batallas como lo hace el mundo. Las armas con que luchamos no son del mundo, sino que tienen el poder divino para derribar fortalezas. Destruimos argumentos y toda altivez que se levanta contra el conocimiento de Dios, y llevamos cautivo todo pensamiento para que se someta a Cristo.

El Gozo de Jesús

Hay mucho sufrimiento en este mundo. Jesús sufrió. Pero Jesús sabía dónde estaba Su fuerza. Él experimentó gran gozo en el Cielo. Todo el Cielo es gozo. La Biblia dice que entraremos al gozo del Señor un día (ver Mateo 25:21). Mientras Jesús vivió sobre esta tierra, creo que Él sabía cómo vivir desde el gozo, aún en medio del sufrimiento.

Recuerda, Jesús es nuestro ejemplo perfecto de cómo se vive en la tierra. En la película *La Pasión,* hay una escena en la que Jesús está en Su casa fabricando una mesa. Su madre sale y se ríen juntos. Esa es una de mis partes favoritas de la película. Sé que es algo que el autor añadió a la película, pero me puedo imaginar que es así como Jesús vivió. Creo que Jesús reía mucho y le gustaba la vida. Era capaz de traer el gozo del Cielo a la tierra.

UNA ALEGRE INTERCESIÓN

Si nos alimentamos a base de vida, gozo y de lo que Dios está haciendo aquí en la tierra, viviremos como Jesús vivió en el mundo. Pero si nos alimentamos siempre a base de malas noticias, si ese es nuestro enfoque en la vida, entonces viviremos en temor y desesperación.

Historias de Gozo

Me gusta imaginar cosas. Dios nos ha dado una herramienta maravillosa: nuestra imaginación. Cuando leo las historias en la Biblia, uso mi imaginación para mirar toda la historia. ¿Qué ves cuando lees acerca de Jesús sanando a un enfermo? ¿Ves que sanó al enfermo o puedes ver el gozo a Su alrededor cuando le sanó? Sé que cuando oramos por los enfermos y son sanados, hay mucho gozo por todas partes. Todo el mundo está feliz. Algunos se emocionan hasta tal punto que puedes ver danza y celebración.

No creo que fue diferente para Jesús y Sus discípulos. Cuando los ojos de los ciegos fueron abiertos y la persona que había estado sorda durante toda su vida pudo oír por primera vez, había gozo y emoción. Es ahí donde tenemos que vivir. Somos los que repartimos el Cielo y todo lo que el Cielo encierra.

¿Piensas que cuando Jesús sopló vida sobre la niña en Marcos 5:38-42 no hubo gozo? Puedes ver cómo el gozo fue liberado al leer esta historia en la versión de la Biblia *The Message*:

> *Entraron en la casa del líder y se abrieron camino a través de las murmuraciones en busca de la historia y a través de los vecinos que traían comida. Jesús fue abrupto: "¿Por qué hay aquí tanto dolor, trajín y murmuración? Esta niña no está muerta; está durmiendo". Provocados*

al sarcasmo, le dijeron que no sabían de lo que estaba hablando. Pero cuando les hubo enviado a otro lugar, tomó al padre y a la madre de la niña, junto con Sus acompañantes, y entraron en la habitación de la niña. Tomó la mano de la niña y dijo, "Talitha koum", que quiere decir, "Niñita, levántate". Nada más decir eso, ¡se levantó y empezó a andar! Esta niña tenía doce años. Ellos, por supuesto, estaban fuera de sí a causa del gozo (Maros 5:38-42; Traduc. de MSG).

¿No te encanta esto? Ellos, por supuesto, *"estaban fuera de sí a causa del gozo"* (Marcos 5:42 Traduc. de MSG). Esa es la verdadera vida en Cristo. Él trajo el Cielo a la tierra, y el Cielo está lleno hasta rebosar de gran gozo. El Cielo está, sencillamente, esperando a derramarlo sobre nosotros.

En Juan 10:10, Jesús dice, "El ladrón viene a robar, matar y destruir. Yo he venido a dar vida y vida más abundante". Entonces en 1 Juan 3:8 dice, "El Hijo de Dios fue enviado precisamente para destruir las obras del diablo".

Esto debería hacernos a todos saltar de gozo. Pero esto mejora.

En Mateo 28:18-19, ¡se nos transfiere la autoridad! Jesús dice:

Se me ha dado toda autoridad en el cielo y en la tierra. Por tanto, **vayan** *y hagan discípulos de todas las naciones, bautizándolos en el nombre del Padre y del Hijo y del Espíritu Santo* (Mateo 28:18-19).

Nos está entregando Su autoridad para que vayamos. Ir y hacer las cosas que Él dice que hagamos. En Mateo 10;8, nos dice "Sanen a los enfermos, resuciten a los muertos, limpien de su enfermedad a los que tienen lepra, expulsen a los demonios. Lo que ustedes recibieron gratis, denlo gratuitamente".

Momentos de Gozo

Hablando de una vida de gozo, cuando viajamos a diferentes lugares del mundo tenemos el gozo de orar por cientos de personas. Una de las cosas que más me gusta es ver a la gente cuando oye que Dios está de buen humor y que quiere bendecirles. Cuando entienden eso, tienen la autoridad para hacer lo que Jesús hizo y empiezan a usar su autoridad por primera vez. Verlos orar por los enfermos y cómo algunos son sanados por su mano por primera vez es increíble. En ese momento hay mucho gozo.

Estábamos en México haciendo una cruzada de sanidad. Fue al final de una reunión y Bill llamó a nuestro equipo para que oraran por los enfermos. Nos habíamos traído un equipo de casa. Uno de los chicos del equipo nunca había orado por los enfermos. La primera persona que vino a él era sorda de un oído. Al empezar a orar, la persona fue totalmente sanada.

Todos estaban emocionados, incluyendo al miembro del equipo que había orado por esta persona para que se sanase. La noticia de que él era la persona a la que acudir si estabas sordo corrió como la pólvora. Acabó con una fila de personas. Todas las personas que se pusieron en esa fila, con la excepción de una, fueron sanadas esa noche. Mucha gente feliz se fue a su casa esa noche. La sanidad y el gozo fueron liberados, y las obras del diablo fueron destruidas. ¡Sí, Dios!

Dios nos quiere dar gozo. El gozo es el pulso del Cielo; traigámoslo a la tierra.

Las Tres Esferas

Cuando comencé este viaje por la intercesión, no dije, "bien, ahora voy a ser una intercesora". En vez de eso, sencillamente me topé con la tercera esfera del Cielo y me enamoré perdidamente del Espíritu Santo. Toqué una esfera que nunca había experimentado. Ahora soy adicta a Su presencia; Su esfera es donde quiero morar siempre.

Una de las cosas que hemos sentido en todos nuestros viajes es la importancia de llevar Su gozo por donde quiera que vayamos. Esa es la tarea que el Cielo nos ha encomendado. Recuerda que hay gran gozo en el Cielo y que ese es nuestro modelo para la vida y el ministerio aquí, en la tierra.

UNA ALEGRE INTERCESIÓN

Mas del Hijo dice: «Tu trono, oh Dios, por el siglo del siglo; Cetro de equidad es el cetro de tu reino. Has amado la justicia, y aborrecido la maldad, por lo cual te ungió Dios, el Dios tuyo, con óleo de alegría más que a tus compañeros» (Hebreos 1:8-9).

Dios está hablando acerca de Su Hijo Jesús porque ha amado la justicia y aborrecido la maldad. Dios le ha dado óleo de alegría. Tenía más gozo que el resto de Sus compañeros. Hasta sufrió la cruz a causa del gozo que tenía delante de Él. Esto nos dice que el gozo es uno de los mayores tesoros del Cielo.

Dios ha ungido a Jesús con *alegría*. Esa palabra alegría es "gozo exuberante". Es con eso con lo que fue ungido Jesús: gozo exuberante. Sabemos que Jesús es nuestro ejemplo. Por lo tanto, debemos llevar esa misma unción. *Unción* quiere decir, en el diccionario hebreo, "untar". En el diccionario New World, la palabra *ungir* quiere decir "restregar aceite o ungüento sobre algo". La unción, ese gozo exuberante que fue derramado sobre Jesús, es lo que Él llevaba sobre sí.

Cuando estamos en la presencia de Jesús durante un tiempo, entramos en contacto con ese gozo. ¿Has notado cómo una pareja que lleva muchos años casada acaban pareciéndose el uno al otro? Y hasta llegan a reaccionar de la misma manera. Cuanto más tiempo estamos con Jesús, más nos asemejamos a Él. ¿Quieres más gozo? Haz lo que hizo el salmista en el Salmo 73. Fue delante de Dios. Derramó su corazón delante de Dios; encontró la presencia de Dios. Es necesario que vayamos delante de Dios y nos quedemos ahí hasta que sintamos que hemos cambiado.

Tengo algunos amigos que están ansiosos por viajar alrededor del mundo para orar. Nuestro primer viaje juntos fue a Alaska. Un día había estado orando y el tema de oración había sido Alaska. Cuando el Espíritu Santo descarga nuevas ideas, empiezo a meditar y a orar sobre esas cosas, ya como un hábito. Y Alaska fue una de esas cosas.

Un día se lo mencioné de pasada a una de mis amigas y dijo que a ella le estaba pasando exactamente lo mismo. Obviamente, nos dimos cuenta de que teníamos que profundizar en este pensamiento. Empezamos a estudiar y a recabar revelación sobre por qué debíamos orar. Decidimos que teníamos que ir a Alaska.

La siguiente decisión fue a dónde ir. Cuando obtienes una estrategia del Cielo es divertido; empiezas a recibir todo tipo de confirmación. Un joven de nuestra iglesia vino a mí durante esta época con un sueño. Después de haber tenido el sueño, sintió que me lo debía contar. No sabía que estábamos planificando un viaje de oración a Alaska.

En el sueño, él estaba dirigiendo a un grupo de personas hacia arriba. Con él se encontraba un ángel guía. Llegaron a una segunda planicie y decidieron quedarse ahí porque era muy bonita. El guía le dijo que no se quedara ahí sino que subiese más. El nombre de esta segunda planicie era Sinar. Cuando se despertó, le vino una escritura: Génesis capítulo 11. Génesis 11 es el relato de la Torre de Babel. El versículo 2 dice, "Y aconteció que cuando salieron de oriente, hallaron una llanura en la tierra de Sinar, y se establecieron allí" (Génesis 11:2). Sinar es Babilonia. Durante siglos se le consideró el lugar más fértil de la tierra. Cuando este joven me dio el sueño, sabía que era un sueño al que tenía que prestar atención.

UNA ALEGRE INTERCESIÓN

Había leído un gran libro escrito por George Otis Jr., The *Twilight Labyrinth (El Laberinto del Crepúsculo)*[1]. Me encanta leer historia. Este libro te lleva hasta el principio. Con este sueño y ese libro, empecé a obtener muy buena revelación para planificar nuestro viaje. En el libro, George Otis Jr. habla acerca de las migraciones de los grupos étnicos. En Génesis 11:6-8, la Trinidad está hablando y Jesús dice,

> ...*y se dijo: «Todos forman un solo pueblo y hablan un solo idioma; esto es solo el comienzo de sus obras, y todo lo que se propongan lo podrán lograr. Será mejor que bajemos a confundir su idioma, para que ya no se entiendan entre ellos mismos». De esta manera el Señor los dispersó desde allí por toda la tierra, y por lo tanto dejaron de construir la ciudad*

Dios descendió y confundió los idiomas del pueblo.

El pueblo de Dios poco a poco se reveló y se apartaron de la presencia celestial y de la relación que sus antepasados habían experimentado. Habían perdido a Dios. En Génesis 11:4, se impusieron la tarea de hacer un nombre para ellos. Francis Schaeffer llama a esto "la primera declaración de humanismo"[2]. No era el mero edificar de una torre; era la actitud detrás de esto.

Cuando Dios vino y confundió su idioma, hubo una gran migración a todas las partes del mundo. Uno de esos recorridos migratorios fue el de la gente que vino a Alaska a través del Puente de la Tierra de Bering. Un punto central para nosotros era lo que trajeron cuando vinieron: la práctica del samanismo, una religión del norte de Asia en la que los samanes pueden interceder entre la humanidad y los poderosos espíritus malignos.

Orando a las Puertas del Cielo

Decidimos atravesar el Puente de la Tierra de Bering a causa de lo que se había introducido por ahí en la esfera espiritual. Decidimos ir a Nome, Alaska, a la entrada entre Rusia y Alaska. Sentimos que cuando fuésemos Dios traería sanidad y redención a la tierra y abriría una puerta. Nos llevó *ocho* años hasta que ocho de nosotros (número de los nuevos comienzos) partimos hacia Alaska. Ocho mujeres de viaje a Alaska puede ser tema de todo tipo de conversaciones. Ya que teníamos un vuelo que salía tan temprano desde Anchorage hasta Nome esa mañana, decidimos dormir en el aeropuerto. (No duermas nunca en el suelo de un aeropuerto, especialmente en Alaska, hace mucho frío).

Al embarcar esa mañana, la azafata nos preguntó a qué iban ocho mujeres a Nome. Los hombres van a Alaska a cazar; eso tiene sentido. Pero ¿ocho mujeres y en particular a Nome? Nome es famosa por una cosa. Es la meta de la carrera de trineos tirados por perros de Iditarod. No hay nada en ese lugar.

Así que le dijimos que íbamos allí a orar y abrir una puerta espiritual. Se emocionó al oír esta información. Nos dijo que ella había hecho la misma cosa. Hacía dos semanas, había llevado un equipo a Barrow, Alaska, y en el espíritu abrieron allí una puerta. (Creo que hay puertas en la esfera celestial que tienen que ser abiertas para dar más acceso a la esfera celestial de Dios. También se les puede llamar a estas puertas, *portales*. Creo que cuando abres acceso a estas puertas o portales, estás abriendo un lugar para que más Cielo llegue a esa región). Cuando oímos esto, nos emocionamos con ella.

Aquí es dónde la historia se vuelve muy emocionante. Cuando pudo hablar con nosotras otra vez, nos preguntó de dónde veníamos.

Le dijimos que éramos de California. Se volvió a emocionar. Hacía un año, había recibido una palabra profética de que un equipo iba a venir de California y que, cuando viniera, abriría una puerta en la esfera espiritual. Bueno, todas nos emocionamos. Todas sabíamos ya que estábamos yendo por una razón.

La Bendición en Nome

Aterrizamos en Nome y fuimos al hotel. Sentimos que debíamos orar en nuestra habitación primeramente y después ir a la calle a orar. Como intercesores, nos emocionamos bastante en nuestras oraciones y hacemos mucho ruido a veces. Ésta no fue una excepción. Tuvimos un tiempo excelente liberando y profetizando sobre esta región. Vimos un águila que venía e iba por aquel territorio. Una de las chicas se puso de pie en medio de la habitación y empezó a orar en lenguas. Las lenguas sonaban como un dialecto indio. Fue intenso y sorprendente. Terminamos nuestro tiempo inundadas por una risa santa. Esa fue una nueva experiencia para nosotras. Todavía pienso que la risa fue la cosa más eficaz que hicimos en todo el día.

Justo cuando estábamos terminando nuestro tiempo, llamaron a la puerta. Pensamos que a lo mejor nos iban a echar del hotel por hacer tanto ruido. Una de las chicas abrió la puerta. Allí había tres mujeres de la limpieza que, creo yo, eran las únicas mujeres de la limpieza del hotel. Estaban sosteniendo una cesta de jabones y champús que no habíamos pedido. Estaban ahí sencillamente para agradecernos el haber venido a orar por Nome. Nos dijeron que nunca había venido nadie para orar. Eso nos hubiera merecido el viaje—ir y bendecir a la gente y a los lugares, llevar a un pequeño pueblo a su destino. Menuda emoción asociarse con el Cielo y traer bendiciones.

Después de orar en el hotel, nos fuimos a la calle y empezamos a caminar. Había traído una llave vieja. Nos gusta dejar llaves donde quiera que vayamos como un acto profético y simbólico de libertad. Así que arrojamos esta llave en el Mar del Estrecho de Bering para liberar a los habitantes nativos de la región.

Al pasar al lado de un bar, una pareja salió. Empezamos a hablarles y nos enteramos de que la esposa estaba enferma. Pudimos orar por ella y se sintió muy bendecida. Una de las amigas nativas americanas que vivía en nuestra ciudad me dio bisutería hecha a mano para regalar. Al darle a esta mujer un collar le dije que era de otra americana nativa de nuestro hogar. Eso fue muy divertido.

Luego nos encontramos con una joven en la calle principal. Era la única que estaba caminando por la calle. Le preguntamos si nos podía hacer una foto. Ella nos preguntó qué estábamos haciendo en Nome. Le dijimos por lo que habíamos venido y dijo, "¿Podrían venir a casa? Me mudé aquí hace un año y he estado orando por toda Alaska." Otra cita divina. Fuimos a su casa. Nos sacó mapas y papeles. Nos echamos en el suelo con ella y oramos sobre Alaska. Fue glorioso. Acabamos estando dos horas con ella, ¡vaya!

A la mañana siguiente nos levantamos temprano y dejamos Nome. La misma azafata estaba en el avión. Cuando nos vio se sintió muy aliviada. Nos dijo que había estado orando por nosotras y que teníamos que embarcar en este vuelo porque era el único que iba a salir de Nome en los próximos días. Venía una gran tormenta y nos hubiéramos quedado atrapadas durante días.

Un par de días después de este viaje, una de las mujeres me llamó y me dijo que había estado mirando en Internet las noticias sobre Nome. El periódico de Nome estaba contando que la única juez federal mujer iba a venir a Nome para dar una charla sobre los americanos nativos y cómo el sistema judicial puede ayudarles con sus problemas. El artículo también decía que Nome sería su parada número ocho. Había planificado ir a 20 lugares diferentes de Alaska. Nuestro viaje se tuvo como un éxito y siempre quedará como una experiencia memorable. Siendo el primer viaje de oración, se convirtió en una marca para empezar nuestro peregrinar en oración por todo el mundo. Desde entonces hemos ido a muchos lugares para orar como esa vez.

Las Esferas

Los intercesores tienen la habilidad de captar muchas cosas que están pasando en la esfera espiritual. A menudo parece que los intercesores se centran tanto en lo que el diablo está haciendo que no miran a lo que Dios está haciendo. La cuestión no es, *qué está haciendo el diablo*. La cuestión debería ser *¿qué está haciendo Dios?* Este debería ser el lema de por vida de todo el pueblo de Dios. Pero este es el asunto. Hay veces que los intercesores pueden captar cosas de la esfera demoníaca y algunos intercesores se atascan en eso y viven desde ese lugar. Empiezan a vivir a partir de la primera y segunda esfera.

Déjame que lo explique. Hay tres "esferas" que se mencionan en la Biblia. La palabra *esfera* quiere decir "región, esfera o área". La Biblia habla específicamente de la primera esfera, la segunda esfera y la tercera esfera.

Las Tres Esferas

La primera esfera es el nivel que puedes ver con tus propios ojos. Es la esfera física. "Después vi un cielo nuevo y una tierra nueva, porque el primer cielo y la primera tierra habían dejado de existir, lo mismo que el mar" (Apocalipsis 21:1) Así que aquí puedes ver que el primer cielo es la esfera terrenal, o lo que puedes ver ahora. Nuestros cuerpos, nuestros hogares y nuestras ciudades existen en la esfera terrenal. Deuteronomio 10:14 dice, "Al Señor tu Dios le pertenecen los cielos y lo más alto de los cielos, la tierra y todo lo que hay en ella". De acuerdo con la versión de la concordancia exhaustiva de la Biblia New American Standard, la palabra cielo quiere decir "astrología, compás, Tierra, cielo, cielos y el cielo más alto, desde el principio, Dios creó la tierra y los cielos y los cielos más altos".

El segundo cielo, o "el cielo de en medio" de Apocalipsis 14:6 (Traducción de The Message), "Vi volar por el cielo de en medio a otro ángel, que tenía el evangelio eterno para predicarlo a los moradores de la tierra, a toda nación, tribu, lengua y pueblo", es la esfera demoníaca y angelical donde luchan los unos con los otros. En Daniel, la segunda esfera también se ve que es la esfera demoníaca y angelical (ver Daniel 10:13).

Después está la tercera esfera. En esta esfera es donde se encuentra la gloria de Dios. Es la esfera de la hermosura. El apóstol Pablo llama al tercer cielo el "paraíso". Es donde podemos ver los grandes planes del Cielo.

Conozco a un hombre en Cristo, que hace catorce años (si en el cuerpo, no lo sé; si fuera del cuerpo, no lo sé; Dios lo sabe) fue arrebatado hasta el tercer cielo (2 Corintios 12:2 RV60).

UNA ALEGRE INTERCESIÓN

Continua en el versículo 4, "...donde oyó palabras inefables que no le es dado al hombre expresar...".

La tercera esfera es donde debería vivir el creyente. Todos los creyentes deberían vivir desde un lugar de victoria, sabiendo y asociándose con las estrategias de Dios. Efesios 2:6 dice que Dios "nos resucitó, y asimismo nos hizo sentar en los lugares celestiales con Cristo Jesús". Habrás oído el dicho, "tan celestialmente enfocado que es terrenalmente inservible". Ese es un dicho muy imposible. Creo que si estás centrado en las cosas de arriba, vas a ser muy beneficioso para esta tierra.

Sin embargo, he descubierto que muchos intercesores no viven en un lugar de gozo porque se quedan atascados en el primer o segundo cielo. Cuando los intercesores se quedan atascados en la primera esfera, están preocupados con la lógica y la razón. Entonces sus oraciones se centran en lo que *parece lógico*, ¡que tiene poco que ver con lo que Dios mira la mayoría de las veces! Y después están esos intercesores que se quedan atascados en la segunda esfera. Esta esfera es la esfera oscura y demoníaca que produce desesperación, mal augurio y temor.

El problema es que, cuando los intercesores deciden orar desde cualquiera de esas esferas, terminan orando a la defensiva. Así es como termina. Estás viendo la televisión o leyendo el periódico y te cruzas con alguna mala noticia. De repente estás al tanto del primer cielo (la esfera física). Te pones a la defensiva en tus oraciones y oras en un nivel humano. O, ves lo que ocurre en la esfera demoníaca. Algo malo se está cociendo. A veces lo sientes como si fuese presión, como que tienes que orar ahora mismo. Parece que estás persiguiendo al diablo, y que si no oras inmediatamente, todo el mundo va a ser destruido. Sé que eso es un poco extremo, pero captas la idea. He aprendido que el diablo está más contento cuando entramos en sus esquemas y estrategias si eso nos distrae de lo que el Cielo está haciendo.

En la parte del norte de California, hay una preciosa montaña de unos 5.000 metros de altura sobre el nivel del mar, el monte Shasta. Muchas personas creen que la montaña tiene poder y consideran que éste es un lugar alto de adoración. Hay un lugar en esta montaña que se llama las Planicies de la Pantera. Ahí hay un manantial que brota de la tierra y es el nacimiento de uno de nuestros ríos. Desafortunadamente, este lugar se usa para prácticas impías. Hace muchos años, según cuenta la historia, un hombre subió a esta planicie y tuvo una visitación de un santo en la forma de una pantera negra. A causa de esta visión surgió el nombre de esta planicie que se ha convertido en un lugar de culto internacional.

Al encontrar esta información y darme cuenta de que este era un lugar precioso que Dios había creado, pensé que sería bueno empezar a llevar equipos ahí arriba para adorar y orar. Había sido usado por tantos otros para adorar a otros dioses que debería ser un lugar de adoración piadosa.

Una de estas veces, sentí que teníamos que subir la montaña y tomar la comunión, orar y tocar el shofar. Tenía 150 personas en el equipo ese día así que era un grupo cargado de poder y estaban dispuestos a ver a Dios. Estuvimos caminando por la planicie por un tiempo y orando y después nos reunimos alrededor del manantial y tomamos la comunión juntos. Después una amiga tocó su shofar. Después de que hiciera sonar el shofar por tercera vez, todos gritamos alabanzas a Dios.

UNA ALEGRE INTERCESIÓN

Pensamos que éramos los únicos en la montaña ese día. Estábamos equivocados. Al irnos de la planicie y empezar a caminar, unas cuantas personas nos pasaron en el sendero que iba por la parte más baja. Al caminar, pasamos al lado de un árbol, y podíamos oír como algo estaba siseando.

De repente, un joven saltó de detrás del árbol y corrió todo lo rápido que le daban las piernas pasándonos y yendo planicie abajo. En el momento en que esto ocurrió, nos encontramos con una mujer que estaba sentada en la posición del loto (una forma de meditación) intentando canalizar. Cuando canalizan, usan un sonido, como un *shh, shh, shh*, repitiéndolo de manera suave y despacio.

Una de mis amigas que estaba con nosotros solía practicar esto antes de ser salva, así que sabía lo que estaba pasando. El aire que rodeaba a esta señora había sido conmocionado con nuestras oraciones y ahora estaba gritando su shh, shh, shh. Mi amiga me miró y me dijo, "Bueno, no va a llegar a ninguna parte hoy". Ah, parar los planes del diablo—¡qué día tan maravilloso!

Me encanta esta historia porque es un gran ejemplo de cómo, siendo intercesores, fuimos a orar a un lugar que era conocido por su actividad demoníaca y nos centramos en Dios. Las estratagemas del enemigo no nos distrajeron. Todo lo que hicimos fue mirar a Dios y le dejamos que Él hiciera el resto.

Jesús es el intercesor supremo y Él pudo ver más allá de las trampas del diablo. El diablo intentó una y otra vez llevarlo a una conversación acerca de Su identidad. Jesús nunca cedió. El diablo estaba buscando solo un poco de acuerdo.

¿No te da la sensación de que Jesús estaba en control total de la conversación? Ni una sola vez le dio al diablo combustible para alimentar su locura. En la primera tentación, cuando el diablo dice, "Si eres el Hijo de Dios ordena que esta piedra se convierta en pan", estaba intentando que Jesús luchase en sus términos (ver Mateo 4:3).

Ya que Jesús estaba terminando un ayuno de 40 días, hubiera sido muy fácil hacer precisamente eso, convertir la piedra en pan para demostrarle al diablo quién era Él. Eso hubiera sido crear un acuerdo con el diablo. Jesús no tenía tiempo para esta esfera de pensamiento. Jesús ni siquiera se refirió a la parte sobre su identidad en la pregunta. Jesús sabía quién era Él. Trajo la situación bajo la perspectiva celestial: *Escrito está: "No solo de pan vive el hombre, sino de toda palabra que sale de la boca de Dios* (ver Mateo 4:4).

Jesús era completamente humano mientras era completamente Dios. Escogió esto porque quería ser un ejemplo perfecto para nosotros. Podría haberse inclinado ante el diablo al convertir esa piedra en una barra de pan, pero para poder ser un ejemplo perfecto no lo hizo. Él nos mostró una manera mejor de combatir al enemigo: "Traigamos el Cielo a esta situación. ¿Qué diría el Cielo?" Siempre estaba mirando en la dirección del Cielo.

Ciertamente les aseguro que el Hijo no puede hacer nada por su propia cuenta, sino solamente lo que ve que su Padre hace, porque cualquier cosa que hace el Padre, la hace también el Hijo (Juan 5:19).

El estar centrado en el primer y segundo cielo nos aleja del tercer cielo y nos mantiene centrados en el diablo o aquellas cosas en la vida que nos preocupan. Cuando oramos o profetizamos a partir de estas dos primeras esferas, no estamos orando de acuerdo con el Cielo. La mayor parte del tiempo, estamos orando por temor. Las oraciones que están basadas en el temor no son oraciones que producirán una respuesta celestial.

¿Podemos saber lo que está ocurriendo en esas dos primeras esferas o deberíamos ignorarlas por completo? Está bien el saber lo que está ocurriendo, especialmente en el *segundo cielo* (la esfera demoníaca y angelical). Hace que estemos mejor informados a la hora de orar. Reúne la suficiente información suficiente para que te ayude. Pero tenemos que asegurarnos de que no vivimos ni oramos a partir de esas esferas. En vez de eso, tenemos que asegurarnos de que nos mantenemos centrados en Dios y en lo que Él está haciendo. La clave es preguntarle a Dios continuamente, "Padre, ¿qué estás haciendo?"

Recuerdo lo emocionada que estaba cuando empecé a investigar en la historia. (A esto lo llamo hacer un mapa de oración). ¡Me encantaba! Casi se convirtió en una obsesión porque me encontré pasando mucho tiempo indagando en la historia de nuestra región. Al empezar a estudiar más y más, me di cuenta de que cada vez estaba más deprimida. Entonces me di cuenta, "Ah, estoy recabando demasiada información proveniente del primer y segundo cielo y no suficiente del tercer cielo". Obtener demasiada información puede ser una distracción que nos aparta de lo que verdaderamente deberíamos estar haciendo. Empecé a recabar solo la suficiente información como para ser una intercesora informada.

Cuando estudio ahora, me mantengo muy sensible y puedo sentir cuando me estoy pasando. Puedo sentir cuando no estoy centrada en el tercer cielo porque el problema empieza a parecer más grande que la respuesta. No puedo permitirme ser impresionada por el diablo. Ese sentimiento sobrecogedor empieza a aparecer y sé que es el momento de parar. Tengo suficiente información para el momento.

El Salmo 73 nos da mucha luz en lo referente a la tercera esfera, la esfera celestial. En la primera mitad del salmo el autor está mirando a los que prosperan. No entiende por qué les va tan bien.

Yo estuve a punto de caer, y poco me faltó para que resbalara. Sentí envidia de los arrogantes, al ver la prosperidad de esos malvados (Salmo 73:2-3).

Estaba viendo a través del primer nivel de este mundo—la esfera física. Estaba mirando en la esfera equivocada. Lo que estaba viendo era real, pero tenía que entenderlo desde otra esfera. Entonces, en los versículos 16 y 17, empieza a cambiar:

Cuando traté de comprender todo esto, me resultó una carga insoportable, hasta que entré en el santuario de Dios; allí comprendí cuál será el destino de los malvados (Salmo 73:16-17).

Hasta que no entra en el santuario de la presencia de Dios no entiende lo que les ocurrirá a sus enemigos. Déjame explicarlo. En el Antiguo Testamento, el santuario era donde moraba la presencia de Dios. *"Después me harán un santuario, para que yo habite entre ustedes"* (Éxodo 25:8).

Cuando Jesús murió por nuestros pecados y resucitó, el Antiguo Testamento terminó y empezó el Nuevo Testamento. Cuando eso ocurrió, la salvación tuvo lugar. Y ahora la presencia de Dios mora en nosotros. ¡Caramba! Es sorprendente que Dios escogiese vivir en nuestro hombre espiritual. Ahora podemos tener acceso a la presencia de Dios que está dentro de nosotros. Podemos decir junto con el salmista, desde lo más profundo de nuestro ser, "siempre estás conmigo".

> *Se me afligía el corazón*
> *y se me amargaba el ánimo*
> *por mi necedad e ignorancia.*
> *¡Me porté contigo como una bestia!*
> *Pero yo siempre estoy contigo,*
> *pues tú me sostienes de la mano derecha.*
> *Me guías con tu consejo,*
> *y más tarde me acogerás en gloria.*
>
> *¿A quién tengo en el cielo sino a ti?*
> *Si estoy contigo, ya nada quiero en la tierra.*
> *Podrán desfallecer mi cuerpo y mi espíritu,*
> *pero Dios fortalece mi corazón;*
> *él es mi herencia eterna.*
>
> *Perecerán los que se alejen de ti;*
> *tú destruyes a los que te son infieles.*
> *Para mí el bien es estar cerca de Dios.*
> *He hecho del Señor Soberano mi refugio*
> *para contar todas sus obras.* (Salmo 73:21-28).

Puedes ver que el corazón y la mente del salmista cambian. Puedes ver que el entendimiento le vino después de que ha estado algún tiempo en el tercer cielo. Tu perspectiva cambia; tiene que ser así. Todo lo que tiene un valor más débil que viene a la esfera de Dios tiene que ser echado a un lado. Se convierte en algo sin importancia. Todo lo que quieres ahora es a Él. Lo puedes decir como lo dijo el salmista:

> *¿A quién tengo en el cielo sino a ti? Si estoy contigo, ya nada quiero en la tierra. Podrán desfallecer mi cuerpo y mi espíritu, pero Dios fortalece mi corazón; él es mi herencia eterna* (Salmo 73:25-26).

No es que los problemas desaparezcan, pero tienes un punto de vista celestial y entiendes que Dios lo tiene todo bajo control. Este es también un lugar de autoridad para el creyente, "sentado en lugares celestiales en Cristo" (ver Efesios 2:6). No es meramente una perspectiva divina. Es el lugar donde se refuerza lo que Cristo llevó a cabo en el Calvario.

Mi esposo lo dice de la siguiente manera: "Mira hacia arriba antes de mirar hacia abajo". Juan 4:35 RVA dice, ¿No dicen ustedes: "Todavía faltan cuatro meses para que llegue la siega"? He aquí les digo: ¡Alcen sus ojos y miren los campos que ya están blancos para la siega! Si estamos mirando hacia arriba, veremos cómo lo hace Dios. Y Dios tiene una respuesta para todo.

NOTAS FINALES

1. George Otis Jr., The Twilight Labyrinth (Grand Rapids, MI: Chosen Books, 1997).

2. Francis A. Schaeffer, Genesis in Space and Time: The Flow of Biblical History (Ventura, CA: Regal Books, 1972), 62.

Rutas Aéreas

Los propietarios de las *rutas aéreas*, controlan la atmósfera. Las rutas aéreas son el clima espiritual que hay sobre una ciudad. Es nuestra responsabilidad apropiárnoslas y reclamar la atmósfera. Cuando hacemos eso, tiene lugar un cambio, empezamos a ver señales de avivamiento y ciudades enteras son transformadas por las cosas de Dios. Cuando esto ocurre, vemos más luz y menos oscuridad en regiones enteras.

Me gusta caminar. Me encanta caminar por ahí y orar y regocijarme en la belleza de lo que Dios nos ha dado. Durante una época sólo caminaba en una zona de la ciudad. Un día, durante una de esas caminatas, sentí que debía preguntarle al Espíritu Santo qué debería orar esa semana. Escuché y oí estas palabras, "Ora por las líneas de comunicación". Lo que sentí es que debía orar para que las líneas de comunicación demoníacas se estropearan.

Así que, sin saber verdaderamente cómo orar, pero sabiendo que el Espíritu Santo me daría luz para esa semana, terminé mi caminata esa mañana con el propósito de orar con esta nueva estrategia. Cuando llegué a casa ese día, encendí la televisión para ver las noticias del canal *Fox*. Era la época en la que la guerra de Iraq acababa de comenzar. Al encender la televisión, oí estas palabras, "El líder que está a cargo de todas las comunicaciones en Iraq ha sido arrestado". Bueno, como poco, me emocioné muchísimo y supe una vez más que el Espíritu Santo estaba confirmando Sus palabras.

Lo que no sabía en aquél entonces es que esta estrategia para la oración se convertiría en una de las prioridades en mi vida de oración—romper las líneas demoníacas y liberar las líneas puras y santas de comunicación.

Esto se vio más ilustrado durante nuestro viaje a Mozambique en 2007. Estábamos con Rolland y Heidi Baker de *Iris Ministries*. Nos habían pedido que fuéramos al retiro que iba a hacer su personal y le habían pedido a mi esposo Bill que le hablase al grupo. Rolland, Heidi, y su personal proveniente de todo el mundo se reúnen una vez al año para empaparse de la Presencia y orar juntos y compartir vida. Fue un tiempo maravilloso en el que nos sentamos y oímos los milagros que estaban ocurriendo en todo el mundo.

Nuestra primera noche allí, en la cena, nos sentamos al lado de dos mujeres que habían empezado un ministerio con los niños en Sudán. Escuchamos durante más de media hora sus historias de grandes riesgos, valentía, milagros y sanidades con los niños y con ellas mismas. Era asombroso. Muchos las llamarían necias por ir a un país tan volátil. Me sentí impresionada por su emoción. Habían nacido para ver cómo venía el Reino de Dios a la tierra, y se notaba.

Durante el transcurso de nuestra charla, una de las mujeres mencionó *montañas parlantes*. Y de forma pensativa dijo, "Los que toman las rutas aéreas son los que controlan la atmósfera". Yo no podía estar más de acuerdo. Cuando hablo acerca de rutas aéreas, estoy diciendo que éste es el clima espiritual de nuestra ciudad. Hay poderes espirituales que gobiernan nuestras ciudades y nuestras regiones. Estos poderes espirituales pueden controlar la atmósfera.

Hace varios años, me di cuenta de que estábamos tomando el control de las rutas aéreas de nuestra región. Estábamos hablando de apropiarnos de la atmósfera. Algunas de las cosas que estábamos viendo en nuestras calles, con los equipos de ministerio, incluían un incremento en milagros, transformación en nuestras escuelas, favor de manera generalizada y puertas que se nos abrían en nuestra ciudad.

Una unidad estaba teniendo lugar dentro del gobierno de nuestra ciudad y del pueblo de Dios. Muchos de los líderes gubernamentales de nuestra ciudad son creyentes nacidos de nuevo. Es muy fácil ir a un establecimiento de comidas y ver personas con sus Biblias sobre las mesas conversando acerca de lo que Dios está haciendo. Muchas de las historias que leerás en este libro son el resultado de retomar el clima espiritual de nuestra ciudad.

UNA ALEGRE INTERCESIÓN

Guerra en los Cielos

Vamos a mirar más de cerca la Biblia en lo que respecta a este asunto. En Daniel, capítulo 10, Daniel recibe un mensaje, pero tenía que entenderlo. Estuvo ayunando durante 21 días. Al final de esos 21 días, un ángel vino a él y le dijo:

> *Entonces me dijo: "No tengas miedo, Daniel. Tu petición fue escuchada desde el primer día en que te propusiste ganar entendimiento y humillarte ante tu Dios. En respuesta a ella estoy aquí. Durante veintiún días el príncipe de Persia se me opuso, así que acudió en mi ayuda Miguel, uno de los príncipes de primer rango. Y me quedé allí, con los reyes de Persia* (Daniel 10:12-13).

En el caso de Daniel, un ángel fue enviado para darle entendimiento y que comprendiera el mensaje. Pero el príncipe que gobernaba el reino demoníaco retuvo al ángel. Necesitó a Miguel, el ángel guerrero, para que viniera a luchar contra el príncipe de Persia. El ángel mensajero fue enviado al principio del ayuno de Daniel, pero necesitó 21 días para que el mensaje pudiese llegar (con la ayuda de Miguel). Hay un mundo muy real, aunque invisible, a nuestro alrededor, que afecta a nuestro mundo visible.

Ahora, llevemos esto más lejos para que entendamos cómo podemos orar y permitir a esta esfera espiritual que infecte de manera positiva el mundo físico que nos rodea.

Una de las creencias que tenemos en Betel es que debemos infiltrar el sistema. Tenemos que ser como la levadura buena. Mateo 13:33 dice, *"Les contó otra parábola más: «El reino de los cielos es como la levadura que una mujer tomó y mezcló en una gran cantidad de harina, hasta que fermentó toda la masa»"*.

Al penetrar en nuestras ciudades como levadura, tanto la ciudad como la atmósfera que la rodea se verán afectadas.

El Palpitar del Cielo

Alguien podría preguntar, "¿Cómo sabremos si hemos tomado las rutas aéreas?"

Cuando era niña, me pasaba la mayor parte del tiempo observando a la gente. Creo que la curiosidad es un don. Viene muy bien para el don de intercesión. Todavía lo utilizo. Puedes enterarte de muchas cosas simplemente oyendo y observando, prestando atención a lo que está pasando a tu alrededor y en tu ciudad, leyendo artículos de tu periódico, reuniendo trozos de información para saber que Dios se está moviendo y te está dando autoridad sobre tu región. Como intercesor conoces la importancia de averiguar cuáles son las estrategias del Cielo para lo que estés orando, o de asegurarte de que el palpitar del Cielo está en tu oración. ¿No te atrae este pensamiento—"el palpitar del Cielo"?

Un hombre de nuestra iglesia murió y al cabo de cuatro minutos volvió a nosotros. Dijo que había ido al Cielo durante ese tiempo. Una de las cosas que nos contó fue que en el Cielo hay mucho ruido, hay tanto ruido que tienes que tener oídos nuevos. El Cielo está lleno de intercesión. Entonces empezó a llorar y nos dijo que no dejemos de interceder con el Cielo.

Todo el Cielo estaba intercediendo a todo pulmón. Si has experimentado ese sentimiento, sabes cómo está intercediendo el Cielo. No es sólo una cosa; no puedes señalar sólo una. Son *todas* las cosas que se reúnen en un solo palpitar. Un ritmo. Oír ese palpitar trae éxtasis.

UNA ALEGRE INTERCESIÓN

Cuando Llega el Cambio

Sabrás cuándo estás orando con el Cielo porque al hacerlo, empiezas a ver cambios. Tenemos una escuela de ministerio en nuestra iglesia, *Bethel School of Supernatural Ministry* (Escuela del Ministerio Sobrenatural de Bethel). Yo enseño en una de las clases de entrenamiento para el ministerio avanzado sobre oración e intercesión. Cuando nos reunimos, yo enseño y luego nos tomamos el tiempo para ir a orar en diferentes lugares de nuestra ciudad.

Durante uno de esos viajes de oración en el que íbamos a ir a una extensión deshabitada de tierra, sentí que íbamos a liberar ese terreno de una maldición. Durante años había estado vacío. La historia de este terreno de propiedad privada es que una vez hubo un bar y ocurrieron cosas malas.

Una vez, hacía muchos años, un hombre que estaba borracho salió del bar para meterse en el coche, atropelló a una chica joven y la mató. El padre de esta joven era amigo de uno de los hombres de nuestra iglesia. El hombre de nuestra iglesia estaba tan dolido por esta pérdida que, al conducir una noche de camino a casa por donde se encontraba el bar, lo miró y dijo, "Ojalá ese bar se incendiara". Esa noche el bar se incendió.

Eso ocurrió en los años '70 y desde ese momento el terreno había estado desocupado hasta ahora. No creo que orar que el bar se incendiara fuera una maldición. Creo que el hecho de que el bar estuviese ahí y la atmósfera que atraía consigo, era lo que había traído la maldición a esa tierra.

Un día, cuando estaba orando acerca de dónde llevar a los estudiantes, me acordé de este trozo de terreno y de la historia que le rodeaba. Sentí que era hora de que la maldición sobre esta propiedad fuera rota. La tierra tenía que ser liberada.

Ir allí iba a ser una gran oportunidad para que los estudiantes practicasen cómo orar y liberar la gracia de Dios. El último día de mi clase unos cuarenta de nosotros fuimos a orar sobre esta propiedad. Al conducir hasta allí y aparcar, nos dimos cuenta de que había dos chicos al otro lado de la calle que nos estaban mirando. No ocurre todos los días que un grupo de cuarenta personas se presenten en una propiedad vacía, salgan del coche y empiecen a caminar y a orar en voz alta.

Les pedí a los estudiantes que empezasen a orar para que ellos supiesen lo que Dios estaba diciendo acerca de la tierra. Tomé a dos de ellos para que vinieran conmigo y fuimos al otro lado de la calle para hablar con esos dos hombres. Uno estaba en una silla de ruedas. Les preguntamos si podíamos orar por él. Él dijo, "sí". Así que empezamos a orar por su sanidad. También empezamos a hablar con ellos para contarles lo que estábamos haciendo.

Uno de los hombres, cuando se enteró de lo que estábamos haciendo, dijo, "ah, sé la historia de este lugar. Mis padres se separaron en este sitio cuando yo tenía cinco años". También nos dijo que hacía tres años había tocado fondo y terminó viviendo en un hogar de acogida en una misión de la ciudad. Nos dijo que poco después de eso, fue salvo. Dios le dio un buen trabajo y ahora iba a nuestra iglesia. Yo me tenía que ir para reunir al resto de los estudiantes para orar, pero dejé a los estudiantes que habían venido conmigo para que orasen por esos dos hombres.

UNA ALEGRE INTERCESIÓN

Reuní a los estudiantes en un círculo y les dije que declarasen lo que Dios estaba haciendo y, a través de la declaración, liberasen a la tierra de la maldición. Creemos en hacer "actos proféticos" cuando estamos orando. Un acto profético es hacer algo en la esfera natural que trae una liberación sobrenatural. Hacer algo así hace que la respuesta venga a la esfera física. Así, dedicamos la tierra derramando aceite sobre ella. Dimos un grito de alabanza juntos que puso fin a nuestro tiempo. Les dije, "Ahora esperemos la respuesta".

En una semana, uno de los estudiantes me dijo que unos cuantos días después de haber orado por nuestra tierra, un hombre fue a la comisión de urbanismo de nuestra ciudad y dijo que quería desarrollar ese terreno y edificar hogares ahí.

Esa sería la evidencia de tomar la atmósfera. Esa respuesta llegó muy rápidamente. Al llevar allí a los estudiantes ese día, llevamos a cabo dos cosas: (1) se les proporcionó un ambiente seguro y de responsabilidad para explorar los caminos de la oración, y (2) creo que el Cielo fue movido para responder a nuestras oraciones.

¿Puedes ver lo que estaba ocurriendo en la esfera espiritual? Utiliza tu imaginación en este caso y observa lo que estaban haciendo los ángeles. Habían sido enviados para llevar a cabo los planes del Cielo. Es como si estuvieran diciendo, "Vale, nos toca a nosotros. La maldición ha sido rota. Ahora tenemos permiso para trabajar". Puedo ver a los ángeles viniendo al hombre que quería desarrollar esta propiedad y susurrarle en el oído, "¿Te acuerdas de la idea que tienes de desarrollar esa propiedad? Ahora es el momento de hacerlo".

Cuando trabajas y colaboras con Dios, el trabajo se lleva a cabo. Esta es una de esas ocasiones en la que la respuesta llegó de manera rápida. El hecho de que estuvieran limpias las líneas de comunicación espirituales trajo resultados rápidos. ¡Qué emocionante es poder ver eso! Tengo que decirte, sin embargo, que sabía que iba a ver una respuesta, lo que no sabía era que iba a ser tan rápida.

Materia Efectiva

Somos un pueblo que tenemos la increíble oportunidad de cambiar nuestro entorno. Dentro de nosotros está viviendo el Espíritu Santo. El Espíritu Santo no sólo es poder, sino que es mucho poder. Está viviendo en nosotros para que podamos ser dispensadores de ese poder. Nos ha puesto aquí para que este mundo pueda tener un encuentro poderoso con el Dios celestial.

Creo que hay tanto poder dentro de nosotros que, aunque muramos, todavía llevamos poder. Está en nuestros huesos. ¿Sabes que toda la materia tiene memoria? Una vez estaba estudiando "la memoria de la materia" y descubrí que no sólo la materia viva sino la inerte también tiene vida.

Pensando en eso, viajé en mi mente a lo largo de la Biblia intentando recordar cualquier historia que confirmase este descubrimiento. ¿Te acuerdas de la historia de los huesos de Eliseo? En 2 Reyes 13:21, estaban enterrando a un hombre y, de repente, ven una banda de ladrones que se acerca. Pusieron al hombre en la tumba de Eliseo, cuando el hombre fue colocado ahí abajo y tocó los huesos de Eliseo, el hombre revivió y se puso de pie. Ese poder sanador estaba todavía en los huesos muertos. Ahí estamos hablando de materia muerta. Y en Lucas 19:40, Jesús les dice a los fariseos que, si Sus discípulos no lo alabasen, las piedras empezarían a clamar inmediatamente.

Si toda la materia tiene memoria, entonces eso quiere decir que los árboles, las plantas, las rocas, todo ello tiene memoria también. Un buen ejemplo de esto ocurrió cuando saqué a algunos estudiantes a orar, una de las estudiantes vio cómo una roca se manifestaba delante de sus ojos.

De vez en cuando, llevamos a nuestros estudiantes a viajes de oración al Monte Shasta para hacer una caminata de oración por el pueblo. Todos nos dividimos en pequeños grupos. Les dije que caminasen por las calles, entrasen en las tiendas y orasen para que la bendición de Dios cayese sobre el pueblo. Creemos que tenemos que bendecir a la gente y a sus negocios. Cuando salimos a orar por los negocios, liberamos lo que Dios está haciendo.

No maldecimos los negocios, sino que creemos que traer una bendición puede conmover la esfera espiritual y atrae a Dios al cuadro. Me llevé a una estudiante conmigo y entramos en una tienda de la nueva era; resulta que había varias de estas tiendas en este pequeño pueblo en el norte de California.

Al entrar en la tienda, yo me fui por un lado y mi compañera por otro. Después salimos de la tienda y me explicó lo que le había pasado. Se había arrodillado delante de una estantería de cristal que tenía unas piedras preciosas de colores en el estante de abajo. Sintió que debía hablar en lenguas sobre las piedras. Cuando dejó de hablar en lenguas, dos de las piedras empezaron a vibrar.

Esto, obviamente, la sorprendió y lo volvió a hacer para asegurarse de que no se lo estaba inventando. Volvió a ocurrir. ¡Hablando de materia con memoria! ¿Habían sido dedicadas esas piedras para algún propósito impío? No lo sé. Todo lo que sé es que cuando se pusieron en contacto con el Reino de Dios, tuvieron que clamar. Cuando llevamos el Reino de Dios con nosotros y hacemos las cosas del Reino, afectamos a la materia que nos rodea.

Orando por las Líneas de la Falla

Vivimos en California, y retrocediendo a cuando era niña, recuerdo oír hablar de California y de los terremotos. Recuerdo estar en una playa del sur de California cuando era una adolescente el mismo día que toda la línea de la costa se suponía que iba a ser tragada por el océano a causa de un terremoto. Estas predicciones sobre terremotos en California, tanto en el mundo secular como en la Iglesia, han sido constantes durante años. La costa del Pacífico es parte del Anillo de Fuego. Si no estás familiarizado con esto, déjame que te lo explique.

> El Anillo de Fuego es una zona que rodea la cuenca oceánica del Pacífico en la que hay frecuentes terremotos y erupciones volcánicas. Tiene la forma de una herradura y una longitud de 40.000 kilómetros. Está asociada con una serie casi continua de zanjas oceánicas, arcos insulares y cordilleras montañosas y/o movimientos de placas tectónicas. A veces se le denomina el cinturón del Pacífico o el cinturón sísmico del Pacífico.[1]

Ya ves por qué este asunto está siempre tan trillado por aquéllos que vivimos aquí en la costa Oeste. Sabemos que hay presión bajo la tierra y que ésta tiene que ser liberada. Por lo que nuestra oración ha sido, "Señor, libérala en cantidades pequeñas". Dios lo ha hecho y está respondiendo nuestras oraciones y nos está dando pequeñas porciones de movimientos sísmicos.

UNA ALEGRE INTERCESIÓN

En 2004, recibimos otra palabra profética de que iba a venir un gran terremoto a California. Por alguna razón, esta palabra me conmovió de verdad. Ahora, recuerda que éstas han sido declaraciones frecuentes para los que vivimos en California. Cuando oyes estas declaraciones una y otra vez, acabas ignorándolas. Esta fue diferente. Tal vez fue a causa de la persona que nos dio la palabra profética.

Fuere lo que fuere, me turbó de verdad. Me pasé días pensando y orando acerca de la profecía. Un día, mientras estaba orando, me vino la idea de ir a tres áreas de la parte del sur de California. Llamé a mi amiga, con la que había estado hablando de esta profecía y la pregunté si vendría conmigo.

Los tres lugares a los que decidimos ir en el sur de California fueron Baskersfield, Lost Hills y la parte superior de Grapevine (una parte de la autopista interestatal 5). Estos tres lugares fueron los que llamaron nuestra atención. La línea de falla de San Andrés atraviesa estos tres lugares.

San Andrés es la falla "maestra" de una red de fallas muy intrincada que atraviesa California en la zona de la costa. Toda la falla de San Andrés tiene más de 1.280 kilómetros de longitud y una profundidad de al menos 16 kilómetros.

Decidimos hacer un viaje en carretera y orar sobre el territorio que nos queda al sur. El primer punto que escogimos fue la cima del Grapevine. Pasamos la noche en la cima del Vine. Sentimos que debíamos tocar el shofar esa mañana cuando amaneciera. Hemos aprendido que tocar el shofar libera un sonido en la atmósfera que rompe el poder demoníaco y trae confusión al campamento del enemigo.

Cuando tocamos el shofar, mi amiga y yo tuvimos una visión doble (ambas vimos la misma cosa a la vez). Vimos un tubo largo con sangre seca y vieja. Cuando tocamos el shofar, sangre fresca empezó a fluir a través del tubo. Ambas supimos que era la sangre de Jesús que estaba fluyendo por esa región.

Hicimos lo mismo en los próximos dos lugares. El propósito que habíamos sentido al hacer el viaje era acallar la línea de falla, hablarle paz. Se había declarado algo sobre nuestra área que yo no quería que ocurriera. Dios está esperando que tomemos responsabilidad y que nos levantemos y digamos, "¡Durante mi turno, eso no!"

> *Y busqué entre ellos hombre que hiciese vallado y que se pusiese en la brecha delante de mí, a favor de la tierra, para que yo no la destruyese; y no lo hallé* (Ezequiel 22:30 RV60).

Vio que no había hombre alguno y se preguntó por qué no había intercesor:

> *...y se maravilló que no hubiera quien se interpusiese; y lo salvó su brazo, y le afirmó su misma justicia* (Isaías 59:16 RV60).

¿No te encanta este versículo? Estos dos versículos me desafían. Para mí, lo que dicen es: "¿qué estás esperando?" Levántate y dile a Dios, "Aquí; yo; yo lo haré; seré el que se levante; seré el muro". No quiero que Dios se pregunte por qué no hay intercesores. Quiero que esté satisfecho con lo que ve en mí. Eso me emociona— estar delante de Dios para interceder por causa de la injusticia y la impiedad.

UNA ALEGRE INTERCESIÓN

En la oración, hay ocasiones en las que siento que soy como un muro entre Dios y el pecado, que estoy clamando para que Dios tenga misericordia. Una manera de explicar esto más claramente procede de los días de antaño cuando las personas formaban vayas usando arbustos y plantas. Cuando había un agujero o una brecha en el arbusto, se aseguraban de que alguien se ponía en ese lugar para proteger los rebaños de cualquier mal hasta que alguien pudiera venir para reparar la brecha.

Dios amenazó con destruirlos, pero no lo hizo por Moisés, su escogido, que se puso ante él en la brecha e impidió que su ira los destruyera (Salmo 106:23).

Echémosle un vistazo a Moisés durante un rato. De la misma manera que Jesús es el gran ejemplo de intercesión en el Nuevo Testamento, Moisés lo es del Antiguo Testamento. Hubo muchas ocasiones en las que Moisés venía delante de Dios para rogar por el pueblo obstinado. Veamos un par de estas ocasiones.

La primera historia es la del becerro de oro. Éxodo 32 nos dice que Moisés había estado en el monte Sinaí durante cierto tiempo. El pueblo se impacientó y decidió resolver las cosas a su manera. Hicieron que Aarón les construyese un dios que pudiera ir delante de ellos. Dios pudo ver todo lo que estaba ocurriendo y se enfadó. Le dijo a Moisés que bajase del monte:

Ya me he dado cuenta de que este es un pueblo terco —añadió el Señor, dirigiéndose a Moisés—. Tú no te metas. Yo voy a descargar mi ira sobre ellos, y los voy a destruir. Pero de ti haré una gran nación». Moisés intentó apaciguar al Señor su Dios, y le suplicó: Señor, ¿por qué ha de encenderse tu ira contra este pueblo tuyo, que sacaste de Egipto con gran poder y con mano poderosa? ¿Por qué dar pie a que los egipcios digan que nos sacaste de su país con la intención de matarnos en las montañas y borrarnos de la faz de la tierra? ¡Calma ya tu enojo! ¡Aplácate y no traigas sobre tu pueblo esa desgracia! Acuérdate de tus siervos Abraham, Isaac e Israel. Tú mismo les juraste que harías a sus descendientes tan numerosos como las estrellas del cielo; ¡tú les prometiste que a sus descendientes les darías toda esta tierra como su herencia eterna! Entonces el Señor se calmó y desistió de hacerle a su pueblo el daño que le había sentenciado (Éxodo 32:9-14).

Dios había hecho un pacto con Abraham, Isaac e Israel, un pacto que Dios juró por sí mismo, un pacto para multiplicar su descendencia como las estrellas. Moisés tomó también ese pacto y se lo recordó a Dios. Moisés se metió en la brecha ese día. Llenó la brecha. Reparó el agujero de la pared, por así decirlo. Y, a causa de lo que Moisés dijo, Dios cambió de idea. ¿Has oído esto? Dios cambió de idea. Eso es increíble.

La Tierra Prometida

Otra ocasión en la que Moisés reparó la vaya fue cuando Dios estaba repartiendo la Tierra Prometida entre los Hijos de Israel. En Números 13 y 14, Dios envía espías para ver la tierra y lo fructífera que era. Dos de los doce espías creían que el pueblo podía tomar esta tierra, pero el resto tenía miedo. El pueblo tomó partido a causa del temor y rehusaron ir a la tierra de la promesa. Los intercesores deben tener fe. Una fe que mira a Dios. El temor sólo ve lo imposible y lo imposible se convierte en la realidad. Observa lo que ocurre después:

UNA ALEGRE INTERCESIÓN

Entonces el Señor le dijo a Moisés: «¿Hasta cuándo esta gente me seguirá menospreciando? ¿Hasta cuándo se negarán a creer en mí, a pesar de todas las maravillas que he hecho entre ellos? Voy a enviarles una plaga que los destruya, pero de ti haré un pueblo más grande y fuerte que ellos». Moisés le argumentó al Señor: «¡Recuerda que fuiste tú quien con tu poder sacaste de Egipto a este pueblo! Cuando los egipcios se enteren de lo ocurrido, se lo contarán a los habitantes de este país, quienes ya saben que tú, Señor, estás en medio de este pueblo. También saben que a ti, Señor, se te ha visto cara a cara; que tu nube reposa sobre tu pueblo, y que eres tú quien lo guía, de día con la columna de nube y de noche con la columna de fuego. De manera que, si matas a todo este pueblo, las naciones que han oído hablar de tu fama dirán: "El Señor no fue capaz de llevar a este pueblo a la tierra que juró darles, ¡y acabó matándolos en el desierto!". Ahora, Señor, ¡deja sentir tu poder! Tú mismo has dicho que eres lento para la ira y grande en amor, y que aunque perdonas la maldad y la rebeldía, jamás dejas impune al culpable, sino que castigas la maldad de los padres en sus hijos, nietos, bisnietos y tataranietos. Por tu gran amor, te suplico que perdones la maldad de este pueblo, tal como lo has venido perdonando desde que salió de Egipto».

El Señor le respondió: «Me pides que los perdone, y los perdono» (Números 14:11-20).

Mira ese último versículo (Números 14:20). Dios cambió de idea a causa de lo que había dicho Moisés. Moisés habló con Dios para que no matase a los hijos de Israel. Había una brecha tremenda y Moisés permaneció ahí hasta que Dios cambió de idea. Veo una actitud en estas dos historias. Debemos permanecer y ser como Moisés. Dios le había dado la promesa y aun cuando Dios quiso cambiar lo que había prometido, Moisés permaneció firme. Moisés llevaba consigo misericordia y fe y, a causa de eso, cambió la atmósfera que le rodeaba.

Sin Palabras

He observado que hay diferentes maneras con las que cambiar la atmósfera. No siempre tiene que ser mediante palabras.

Como dirigen los esclavos la mirada hacia la mano de su amo, como dirige la esclava la mirada hacia la mano de su ama, así dirigimos la mirada al Señor nuestro Dios, hasta que nos muestre compasión (Salmo 123:2).

Tenemos muchas montañas muy bellas alrededor de nuestra ciudad. Una vez estábamos de camino a la cima de una de ellas para orar sobre nuestra ciudad. Me había estado preguntando cómo deberíamos orar cuando llegásemos arriba, preguntándole a Dios si había algo que debiera llevar para usar como acto profético. Había hecho un chal con una tela púrpura y un cordoncillo dorado en los bordes. Decidí llevar ese chal a la cima de la montaña.

Las vistas desde lo alto de esta montaña te dejaban sin palabras. Había un mirador justo en la cima y desde este sitio se podía ver todo lo que rodeaba a la montaña. Era un día precioso. La brisa estaba soplando. Ese día, todo lo que me salía era estar al borde de la montaña y levantar mi chal púrpura y dejar que el viento lo moviera. Y ahí estuve con mis manos por encima de la cabeza, sosteniendo mi chal púrpura dejándolo que se menease con el viento. Esto fue un acto profético físico. El cordoncillo de oro era la gloria que rodea a la realeza y a la intercesión.

A medida que el viento de Dios lo movía, estaba liberando sobre la región la realeza, la intercesión y la gloria del Reino. Lo sé; parece una locura, pero me sentí muy bien y fue muy divertido. Tal vez te preguntes: "¿De verdad tenías que hacer eso?" Bueno, tal vez no, pero creo que a Dios le gusta lo que hacemos por Él, aún si parece que es una locura de vez en cuando. Hacer estos actos pueden parecerles una locura o algo súper-espiritual a los demás, pero al hacerlos, creo que estamos permaneciendo como intercesores y eso está cambiando las rutas aéreas que nos rodean.

NOTAS FINALES

1. "Pacific Ring of Fire," Crystalinks, http://www.crystalinks .com/rof.html (visitado 13 Abril 2008).

Guerra por Medio de la Alabanza y el Gozo

Un día, estaba enseñando acerca de la intercesión en nuestra escuela de lo sobrenatural. Al final de mi clase, les pregunté si tenían alguna duda. Uno de nuestros jóvenes, que de vez en cuando subía a la plataforma para danzar durante nuestra adoración, hizo el comentario de que no creía que él fuese un intercesor. Le miré y le dije, "¿Estás bromeando?" Le dije que era un intercesor y que su intercesión era la danza.

Verás, su idea de lo que era un intercesor era de alguien que, simplemente, usaba palabras para interceder. Le expliqué que hay diferentes tipos de intercesión y que cuando él danzaba, estaba intercediendo. Le dije que su intercesión era la adoración que se convertía en una forma de guerra.

UNA ALEGRE INTERCESIÓN

Hay dos elementos en la guerra que siento que son nuestras mayores armas de intercesión: la adoración y el gozo. Creo que estas dos armas traen confusión al campamento del enemigo más que cualquier otra cosa. Estas dos armas de guerra surgen de nuestra relación íntima con nuestro Padre Dios. Exploremos estas dos armas.

El Beso

La palabra griega para *adoración es proskuneo*; quiere decir "besar". Es un sentimiento o una actitud interior que nos mantiene cerca de Dios. No es tan sólo venir a la iglesia los domingos y cantar durante la alabanza. Aunque una cosa importante que hacemos juntos, no es lo más importante. La adoración viene desde adentro y va con nosotros a lo largo del día. Cuando adoramos a Dios, le estamos besando.

La adoración, como arma de guerra, es actuar usando los términos de Dios, no los del diablo. Estamos centrados en Dios, lo cual da entrada a Su poder y presencia en nuestras intercesiones.

Estaba en una de nuestras reuniones de alabanza un domingo por la mañana y, en mi espíritu, no dejaba de distraerme. Me sentía como si hubiera brujas en la habitación. Me encontré totalmente fuera de la adoración. Recuerdo que miré a mi alrededor para ver si podía entender lo que estaba pasando. Lo hice varias veces. Después oí al Espíritu Santo susurrarme, "Estás siendo distraída para que no estés conmigo; sencillamente adórame".

Fue un pequeño toque del Espíritu, pero lo entendí. Me di cuenta de que lo que tenía que hacer era sencillamente estar con

Dios y adorar. Él trataría con los problemas espirituales de la habitación. Mi arma de guerra esa mañana era adorarle.

Una vez Dios habló de forma audible a mi esposo y le dijo, "Él vigila sobre la vigilia de aquéllos que vigilan al Señor". Está claro que el tener nuestros ojos centrados en Él es nuestra postura más responsable ya que es entonces cuando Dios vigila las cosas que nos importan.

Sencillamente Adora

Cuando adoramos, tenemos acceso a la esfera celestial. Al adorar, nos salimos de las esferas inferiores dónde podemos captar todas las cosas negativas y terminamos en la esfera de la gloria rodeados de Su presencia.

Hace muchos años escuché una historia acerca de un hombre cristiano que estaba muy deprimido. Estaba tan desesperado porque Dios le ayudase… Estaba un día clamando a Dios y oyó que el Señor le decía, "Durante un año, quiero que Me adores". Dios le siguió diciendo que no quería que le pidiera nada cuando orase. Simplemente que adorase. Después de pasar el año, fue liberado de la depresión en la que se había visto sumido durante tanto tiempo. Estoy segura de que aprendió una lección de mucho valor durante ese año.

Alguien preguntó a mi esposo cómo era su vida de oración. Él dijo, "Si tengo una hora para orar, normalmente adoro durante unos 45 minutos y oro el resto". Es sorprendente por cuántas cosas puedes orar en diez o quince minutos".

UNA ALEGRE INTERCESIÓN

La Adoración Deshace la Resistencia

Cuando adoramos, podemos liberar la presencia de Dios y de Su Reino en la habitación. Hace años, estábamos teniendo unas reuniones en Alaska. En varias de esas reuniones, durante la alabanza y el tiempo de adoración, no había la parte de adoración. La alabanza era buena, pero no estábamos entrando en un lugar íntimo de adoración. Sentí que había una pared entre Dios y nosotros. Habíamos traído a nuestra bailarina principal en este viaje. Es muy divertido llevarla en los viajes a causa de la adoración que expresa cuando danza. Cuando queremos que algo se rompa en la esfera espiritual, le decimos que se levante y adore. Ella no danza para hacer la guerra, pero su danza de adoración se convierte en guerra. Ni siquiera le decimos lo que está ocurriendo, solo queremos que adore. Después de estar en dos de estas reuniones en Alaska, mi esposo pensó que sería una buena oportunidad para que ella danzase. Se levantó y empezó a hacerlo, y sea lo que fuere esa pared, desapareció y el Cielo descendió a la habitación.

Había un caballero en esa reunión que podía ver en la esfera espiritual. Estaba a nuestro lado mientras que nuestra bailarina estaba danzando. Nos dijo lo que vio, después de que ella terminó. Esa noche había estado observando demonios en la habitación. Estaban sentados alrededor de ésta. Dijo que cuando nuestra bailarina se levantó para danzar, los demonios empezaron a gritar y salieron de la habitación tan pronto como pudieron. Sí, aún en esto no adoramos a causa del efecto que tiene sobre la oscuridad; sino que lo hacemos porque Dios es digno.

La adoración, en la forma que sea—danza, adoración que sale de nuestra boca, o cualquier otro tipo de adoración—aterroriza al mundo demoníaco. Creo que no pueden soportar oír y ni siquiera estar cerca de aquéllos que son verdaderos adoradores. He visto a nuestro hijo, Brian, tomar su guitarra y tocar para una persona atormentada y he visto cómo venía la paz. Conozco a una mujer que va a los hospitales para convalecientes en nuestra ciudad y toca su flauta sobre los pacientes de Alzheimer y éstos se apaciguan.

Que la Adoración Guíe

2 Crónicas 20 nos da luz sobre la estrategia a la hora de usar la adoración para ganar una batalla. Josafat estaba enfrentando un gran ejército que venía contra toda Judá. Lo primero que hizo Josafat fue buscar al Señor y proclamar ayuno.

> *Entonces él tuvo temor; y Josafat humilló su rostro para consultar a Jehová, e hizo pregonar ayuno a todo Judá* (2 Crónicas 3:20 RV60).

Me gusta este versículo porque dice que "humilló su rostro" para buscar a Jehová. Eso quiere decir que puso su rostro en una dirección. Puedo ver a Josafat volver con una actitud de *no me voy a ir de aquí hasta que haya oído de Dios*. Me gusta el coraje y la determinación en el corazón de este rey. La segunda cosa que ocurrió fue lo que oraron. La gente vino de todas partes para ayunar y preguntar al Señor lo que deberían hacer.

> *Y se reunieron los de Judá para pedir socorro a Jehová; y también de todas las ciudades de Judá vinieron a pedir ayuda a Jehová* (2 Crónicas 20:4).

Empiezan su oración adorando a Dios por lo que era y es.

> *Jehová Dios de nuestros padres, ¿no eres tú Dios en los cielos, y tienes dominio sobre todos los reinos de las nacio-*

UNA ALEGRE INTERCESIÓN

nes? ¿No está en tu mano tal fuerza y poder, que no hay quién te resista? (2 Crónicas 20:6 RV60).

Le están diciendo a Dios, "Tú eres grande y no hay ningún otro".

Dios nuestro, ¿no echaste tú los moradores de esta tierra delante de tu pueblo Israel, y la diste a la descendencia de Abraham tu amigo para siempre? Y ellos han habitado en ella, y te han edificado en ella santuario a tu nombre, diciendo: Si mal viniere sobre nosotros, o espada de castigo, o pestilencia, o hambre, nos presentaremos delante de esta casa, y delante de ti (porque tu nombre está en esta casa), y a causa de nuestras tribulaciones clamaremos a ti, y tú nos oirás y salvarás (2 Crónicas 20:7-9 RV60).

Parece como si le estuvieran recordando a Dios quién es y lo que ha hecho por Su pueblo. También parece que están recordando quién es Dios y lo que ha hecho. Éste es un buen hábito: traer siempre el testimonio de Dios delante de nuestros ojos para recordar Su grandeza.

En el versículo 9, Josafat habla acerca de entrar en el templo y en la presencia de Dios (ver 2 Crónicas 20:9). La oración se vuelve bastante desesperada en el versículo 12:

¡Oh Dios nuestro! ¿no los juzgarás tú? Porque en nosotros no hay fuerza contra tan grande multitud que viene contra nosotros; no sabemos qué hacer, y a ti volvemos nuestros ojos (2 Crónicas 20:12 RV60).

Básicamente están diciendo, "Vienen contra nosotros y no sabemos qué hacer, pero nuestros ojos están puestos en Ti". ¿Alguna vez has orado eso? ¿No sabes qué hacer y ni siquiera cómo orar? En momentos así, este quebrantamiento ocurre en nuestro interior. Este quebrantamiento debe guiarnos a Dios, y no alejarnos de Él. Debemos poner nuestros ojos sobre el que es verdadero y confiar en Él. Pienso que el versículo 13 es clave para la iglesia ahora mismo. Estamos en una lucha para que el Reino de Dios sea revelado.

Ahora, todo Judá, con sus pequeñines, sus esposas y sus hijos vinieron delante del Señor. Creo que va a ser necesario que todos nosotros, jóvenes y viejos, vengamos delante del Señor en Su presencia con nuestros ojos fijos en Él. Todos somos sacerdotes. Nuestros pequeñines tienen el poder de Dios obrando en su interior para hacer grandes cosas para el Reino, y no hay un "Espíritu Santo Junior".

Observar a los Niños

Cada año, durante una de nuestras conferencias, apartamos un tiempo para tener gabinetes proféticos. La gente puede pedir una cita para apartar un tiempo para reunirse con un equipo escogido de antemano, para profetizar sobre las personas. En los últimos años hemos incluido a los niños para que formen parte de estos equipos. Al principio, la gente se sentía un poco escéptica hasta que se sentaron en la silla y un niño, como nosotros diríamos, les "leía el correo" y les describía detalles íntimos de sus vidas.

Ahora, cuando vienen a recibir ministerio profético, preguntan si los niños van a profetizar. Nos hemos dado cuenta de que los niños tienen una pureza en su ministerio, sin añadidos, sencillamente las palabras del cielo sin adornos. Cuando miramos atrás a la historia de Josafat, vemos que él sabía que toda la nación—hombres, mujeres y niños—tenían que estar en esta

UNA ALEGRE INTERCESIÓN

oración. Era un asunto de vida o muerte. Tenían que estar juntos como una sola nación, una tribu, desesperada porque Dios viniese. Así que Dios envió al profeta para decirle al pueblo lo que tenía que hacer:

> *Y dijo Jahaziel: «Escuchen, habitantes de Judá y de Jerusalén, y escuche también Su Majestad. Así dice el Señor: "No tengan miedo ni se acobarden cuando vean ese gran ejército, porque la batalla no es de ustedes, sino mía* (2 Crónicas 20:15).

Entonces el profeta les dijo que no tendrían que batallar en esta guerra sino, sencillamente, posicionarse, quedarse quietos y ver la salvación del Señor. Hay muchos videos que quiero ver cuando vaya al Cielo, y éste es de los primeros en la lista por lo que ocurre después.

La tercera cosa que ocurre en esta historia es que adoran al Señor.

Dios había respondido a Su pueblo y, como consecuencia, ellos se inclinaron ante el Señor y adoraron. Había una alabanza que se levantó en la congregación. Y la cuarta cosa que ocurrió fue que alabaron al Señor. La palabra *alabanza* se traduce del hebreo *tehillah* que viene de una raíz hebrea *hallel*. *Tehillah* es "alabar" y *hallel* es "gloriarse, actuar alocadamente, conducir salvajemente, *dar alabanzas*". Esta era su oportunidad de dejar las emociones libres, de dar alabanza salvaje a su Dios.

Josafat le dijo al pueblo que creyese en el Señor y en los profetas. Puso a aquéllos que cantarían al Señor y los que cantarían alabanzas a la belleza de la santidad.

Guerra por Medio de la Alabanza y el Gozo

Después de consultar con el pueblo, Josafat designó a los que irían al frente del ejército para cantar al Señor y alabar el esplendor de su santidad con el cántico: «Den gracias al Señor; su gran amor perdura para siempre». Tan pronto como empezaron a entonar este cántico de alabanza, el Señor puso emboscadas contra los amonitas, los moabitas y los del monte de Seír que habían venido contra Judá, y los derrotó. De hecho, los amonitas y los moabitas atacaron a los habitantes de los montes de Seír y los mataron hasta aniquilarlos. Luego de exterminar a los habitantes de Seír, ellos mismos se atacaron y se mataron unos a otros. Cuando los hombres de Judá llegaron a la torre del desierto para ver el gran ejército enemigo, no vieron sino los cadáveres que yacían en tierra. ¡Ninguno había escapado con vida! Entonces Josafat y su gente fueron para apoderarse del botín, y entre los cadáveres encontraron muchas riquezas, vestidos y joyas preciosas. Cada uno se apoderó de todo lo que quiso, hasta más no poder. Era tanto el botín que tardaron tres días en recogerlo (2 Crónicas 20:21-25).

El resultado: Dios les puso una emboscada para que cuando el pueblo de Dios entrase en la batalla, ésta hubiese terminado. Esta es una historia tan sorprendente de la estrategia de confiar en Dios y dejar que la alabanza y la adoración vayan delante y ganen la batalla.

Más tarde, todos los de Judá y Jerusalén, con Josafat a la cabeza, regresaron a Jerusalén llenos de gozo porque el Señor los había librado de sus enemigos (2 Crónicas 20:27).

El pueblo de Dios luchó la batalla por medio de la adoración. Su adoración puso un cambio en movimiento en la esfera celestial, y Dios hizo el resto.

Guerra por medio del Gozo

Creo que tenemos que ser un pueblo que tiene el gozo de Jesús de lleno dentro de él. Tenemos que ser así en cada área de nuestra vida y ministerio. Uno de los elementos que falta en muchos de los que están intercediendo según veo yo, es que necesitan que sus vidas sean llenadas del gozo celestial. Me encantaría ir al Cielo de visita y ver lo lleno de gozo que está el Cielo. La intercesión en el Cielo no es de trabajo y ardua labor. No hay nada de eso en el Cielo. Creo que la intercesión del Cielo se hace desde el gozo, un lugar de conocimiento.

Porque mi yugo es suave y mi carga es liviana (Mateo 11:30).

La traducción de la Biblia *The Message* lo dice de esta manera: "Permanece a Mi lado y aprenderás a vivir de una manera libre y sin cargas".

Fácil y Ligera

Un hombre de nuestra iglesia vino a contarme con un sueño que había tenido. Me dijo que había visto un río y sobre el río un grupo de mujeres y yo estábamos andando como suspendidas en el aire. Vinimos flotando por encima del río, riéndonos y llenas de gozo. Estábamos encargándonos de los problemas con risa y gozo. No era difícil. Había cierta ligereza en lo que estábamos haciendo. A las laderas del río había vasijas de cristal rotas.

Teníamos una aspiradora sobrenatural e íbamos y limpiábamos las cosas rotas. Dijo que mientras nos observaba, parecía algo muy ligero y que parecía ser muy fácil. Me reí y le dije, "sí, es así como oramos".

Para algunos, eso puede parecer un imposible. Te diría que es la manera más refrescante y efectiva de hacer la guerra. Uno de los trucos del enemigo es que nos pongamos a su altura, hacer que vivamos en su campo de juego. El mundo de Satanás está lleno de trabajo y de lucha. Si entramos en esa esfera lo único que vamos a experimentar es que nos vamos a quemar. Ese es el plan del enemigo, agotarnos por completo. No es que no estemos continuamente orando; es nuestra actitud durante ese orar continuo. ¿Hay lucha en nuestras oraciones donde somos nosotros los que hacemos todo el trabajo? ¿Hay un peso con el que cargamos?

Aprendimos una lección dura, pero de mucho valor hace varios años. Había un pequeño grupo de mujeres intercesoras con las que me sentía muy cercana. Una de las chicas era una joven cristiana, nueva en el mundo de la intercesión. Durante esa época, la intercesión era mucho trabajo y poca relación con el Padre. Cuando íbamos a la iglesia, buscábamos problemas y orábamos contra ellos. Pasábamos el tiempo mirando hacia todos lados, menos hacia Jesús. Esto es todo lo que conocíamos en aquél entonces. Hacíamos lo que creíamos que era nuestro trabajo. Sentíamos que era nuestra responsabilidad tratar con todas las cosas demoníacas que estaban ocurriendo en la habitación. Te diré que era mucho trabajo y nos íbamos a casa cansadas y agotadas.

Un día recibí una llamada de mis amigas contándome que nuestra joven amiga había dejado la iglesia. Se había hartado y no quería tener nada más que ver con nosotros. Eso nos devastó a todos. ¿Qué había ocurrido? ¿Qué había hecho que sufriese ese cambio tan brusco en su vida?

Pasaron varios meses y a mi marido se le pidió que hablase en una iglesia. La joven oyó que veníamos y decidió ir a la iglesia a oír a Bill. Al final de la reunión, el Espíritu Santo empezó a caer sobre la gente por todo el edificio. Esta joven terminó en el suelo llorando. Me tiré al suelo con ella y sencillamente me quedé ahí orando por ella. Pude preguntarle qué había pasado. ¿Por qué se había ido? Las palabras que salieron de su boca cambiaron mi vida. Me dijo que se había cansado tanto de luchar y trabajar en la oración que no quería hacerlo más. Pensó que esa era la vida cristiana normal. Era todo lo que había visto. Se quemó. No se dio cuenta de que hay un lugar de gozo en el que se puede entrar y refrescarse; ese es el lugar donde debemos vivir.

Sentía tanto lo que había ocurrido. Ese día me arrepentí mucho en mi corazón. Hasta el día de hoy, esa joven no ha vuelto a la iglesia. ¿Creo que todavía ama a Dios? Sí, lo creo. Es una historia triste, pero creo que tenemos que oírla. Dios quiere quitar el estrés y la lucha de nuestras intercesiones. Necesitamos estar constantemente llenos para no quemarnos.

Definiendo el Gozo

Pero ahora vengo a Ti; y estas cosas hablo en el mundo para que Mi gozo sea completo en ellos (Juan 17:3 Traduc. de NASB).

Para definir el gozo, tenemos que decir lo que significa gozo: "excitación o un sentimiento placentero causado por la adquisición o expectación de algo bueno: felicidad, placer, deleite, espíritus regocijados".

Cuando salimos a orar por la tierra, ya hemos estudiado y sabemos que han ocurrido cosas que son malas. Pero, también sabemos que Dios está trayendo algo ahí que va a cambiar el clima espiritual de esa área en cuestión. Eso nos pone muy contentos. Entonces podemos salir con gozo y liberar sobre la tierra lo que ésta necesite. El gozo viene cuando tienes ese sentimiento y esa expectación de que viene algo bueno.

Cuando utilizas el gozo en la guerra, es porque estás esperando que algo bueno ocurra. Llevé a mis interinos a un monasterio budista de nuestra zona. Pensé que sería una buena experiencia para ellos el orar en un lugar donde se sirve a otro dios. Fuimos ahí para orar. Había estado en este lugar varias veces antes y me había dado cuenta que éste era un lugar en el que se podía orar fácilmente.

Cuando llegamos allí, les dije que anduviesen por los alrededores y empezasen a orar y a sentir lo que Dios quería que hicieran. Mientras estábamos caminando, una de mis interinas vino corriendo hacia mí, sonriendo y riendo. Me gusta llamarla Tigger. Me encanta orar con ella porque siempre está encontrando el corazón de Dios. Me dijo en una voz melodiosa que había muchos demonios ahí y que era muy fácil orar. Cuando experimentas la presencia de Dios a tu alrededor, aún en una atmósfera demoníaca, puedes sentir que orar es fácil. No necesito decir que nos lo pasamos muy bien orando ese día. Cuando llevas el gozo del Señor contigo, todo tipo de cosas ocurren. El gozo trae emoción al ambiente y eso libera vida. De verdad, libera todo el Cielo. Me encuentro en los sitios más oscuros emocionada por lo que siento que Dios quiere liberar sobre el lugar o la situación. Somos dispensadores. Se supone que debemos vencer la oscuridad con la luz. ¿Quieres traer confusión a la oscuridad que está intentando gobernarte a ti y a otras personas?

> *En Él había vida, y la vida era la Luz de los hombres. La Luz brilla en la oscuridad, y la oscuridad no pudo comprenderla* (Juan 1:4-5 Traduc. de NASB).

Eso quiere decir que la oscuridad no puede vencer a la luz. No la entiende. La oscuridad mira a la luz y se confunde. El hecho de saber eso cuando oras te dará un gozo que explotará dentro de ti. La versión New King James *Spirit-Filled Life Bible* dice, acerca de la palabra comprender; "El gozo del cristiano está en saber que la luz no sólo es mayor que la oscuridad, sino que también es más duradera que la oscuridad".

Gozo, el Factor Sorpresa

Hablemos acerca de "hacer guerra por medio del gozo" y de utilizarlo como "factor sorpresa".

En tiempos de guerra, tienes que usar un principio muy importante: el factor sorpresa. En la revista, *The Armchair General* (El General del Sillón), Robert R. Leonhard escribe:

> La sorpresa es un principio viable de la guerra. Las técnicas usadas para retrasar la detección del enemigo incluyen la utilización de un escudo, el camuflaje, el engaño, las medidas de seguridad operativa y la aproximación indirecta. Una emboscada, por ejemplo, tiene como meta desbordar al enemigo y no solo con armas de fuego, sino también con confusión, ruido y miedo.

La sorpresa, por lo tanto, es un principio de guerra que está vivo y bien. Es una característica de la guerra que perdura, porque sus componentes—el tiempo y la perpetua falta de preparación—son inmutables. De la misma manera como lo han hecho a lo largo de la historia, los comandantes seguirán buscando maneras para retrasar la detección, acelerar el contacto y variar el método de ataque para poder exponer la falta de preparación del enemigo, darle la vuelta al flanco del tiempo del enemigo y así ganar.[1]

Así es como me siento acerca de "la guerra por medio del gozo". Es como el factor sorpresa. Creo que este gozo trae confusión al campamento del enemigo. El enemigo no sabe cómo combatir el gozo de una persona. Este gozo toma al mundo demoníaco por sorpresa. Tenemos una reunión de oración los domingos por la noche antes de la reunión. Se le llama la oración pre-reunión. Me encanta cuando veo a los visitantes entrar. La verdad es que debería llamarse la reunión de oración feliz.

Buena Medicina

Cuando entras en la habitación, te encuentras con gente que está sentada, tumbada en el suelo, caminando en círculos alrededor de la habitación. Algunas personas caminan con sus brazos alrededor de sus amigos, otros están tirados en el suelo empapándose de Su presencia, otros están sentados leyendo sus Biblias. La razón por la que observo a los que nos visitan es porque no creo que muchos de ellos han estado antes en una reunión de oración como ésta. A veces parece que no saben qué hacer o cómo actuar. Definitivamente no es el momento para estar serio. Es un tiempo de gozo en la casa.

Normalmente, cuando terminamos, hay personas tiradas por los suelos, o mejor aún, personas riéndose por toda la habitación. Sentimos que a los ángeles les gusta de verdad esa atmósfera y parece que se presentan a pasárselo bien también. La manera cómo luchamos es con mucho gozo. La risa es una buena medicina.

> *Gran remedio es el corazón alegre, pero el ánimo decaído seca los huesos* (Proverbios 17:22).

La definición para la palabra *alegre* es "estar en un buen humor desbordante; divertido; alegre; contento; ruidoso"[2].

Conozco a un pastor que hace que un grupo de su gente se siente en círculo. Por turnos comparten sus problemas. Cuando terminan, hace que se rían de los problemas. Se ríen hasta que los entienden y sus problemas no parecen tan grandes y abrumadores.

Investigadores de la Escuela de Medicina de la Universidad de Maryland en Baltimore han comparado los efectos de ver una película divertida y una estresante con los siguientes resultados:

> El estrés causa que el flujo sanguíneo disminuya en un 35% aproximadamente, pero la risa lo incrementa en un 22% aproximadamente; dieron el informe a la Facultad Americana de Cardiología.

Michael Millar, el director de cardiología preventiva del Centro Médico de la Universidad de Maryland, que dirigía la investigación, dijo: "El endotelio es lo primero que sufre cuando se desarrolla arterosclerosis o endurecimiento de las arterias, así que, dados los resultados de nuestra investigación, es concebible que la risa sea importante para mantener un endotelio sano y reducir el riesgo de enfermedades cardiovasculares".

"Por lo menos, la risa descompensa el impacto del estrés mental, que es perjudicial para el endotelio.". Añadió: "Treinta minutos de ejercicio, tres veces a la semana, y 15 minutos de risa diaria probablemente es bueno para el sistema vascular".

Has cambiado mi lamento en baile; desataste mi cilicio, y me ceñiste de **alegría** *(Salmo 30:11).*

NOTAS FINALES

1. Robert R. Leonhard, "Surprise," The Armchair General, LTC, www.jhuapl.edu/areas/warfare/papers/surprise.pdf (visitado 13 Abril 2008).

2. "Laughter 'boosts blood vessels,'" BBC News, March 7, 2005, http://news.bbc.co.uk/2/hi/health/4325819.stm (visitado 13 Abril 2008).

El Reposo Interior

Es mejor tener un puñado con tranquilidad que tener dos puñados con mucho esfuerzo y perseguir el viento (Eclesiastés 4:6 NTV).

Las verdaderas experiencias celestiales siempre cambian la vida. Cuando estoy teniendo una experiencia de estas, me siento como si todo mi ser se estuviese despertando a ese momento. Recientemente, experimenté un encuentro celestial donde Jesús me levantó y me dio vueltas. Inmediatamente, estábamos delante de una casita rural que se parecía a las casitas inglesas con un jardín al frente.

Me llevó bajo una preciosa pérgola llena de flores. Entonces me dejó en el suelo y me puso en el sendero que llevaba a

UNA ALEGRE INTERCESIÓN

la casita. Sabía que esta era mi casita. Estaba ahí mirando y del patio de al lado venían todos los nietos. Nuestra nieta mayor, Kennedy, fue la primera en venir y la oí decir, "Ah, bien, la abuela está aquí; ya podemos jugar". Entonces todos se fueron a jugar.

El próximo sentimiento que tuve fue que estaba en presencia de todos mis familiares. No los podía ver a todos, pero sabía que estaban ahí. Otro sentimiento que tuve fue que este era el final del tiempo; estábamos todos en el Cielo y la vida terrenal había terminado.

En ese momento, en el lado que quedaba a mi izquierda, apareció una de mis abuelas, a la que llamábamos "Granny" (*abuelita*). Granny era una mujer grande con generosos rasgos, y amigo, ella sí que se reía. Estaba casada con un predicador y su vida era difícil. Había mucha amargura en su vida que creo que dañó a su cuerpo físico. Antes de morir, dejó que todo ese dolor saliera. Pero, por encima de todos los dolores de su vida, Granny sabía cómo reírse y cómo pasárselo bien. Echaba su cabeza para atrás y abría su boca de tal manera que podías verle las anginas y entonces es cuando soltaba una gran carcajada. A todos les gustaba. Cuando la vi en este lugar celestial, miré hacia donde estaba mientras echaba la cabeza hacia atrás y soltaba una de esas carcajadas. Igual que siempre lo había hecho. Era Granny. Pensé, "ah, se lo está pasando bien en el Cielo".

Nada más ver a Granny, miré detrás de mí y vi a mi otra abuela, la madre de mi papá. Una de las cosas que le encantaba a mi abuela era enseñar escuela dominical. La enseñó durante 25 años. El domingo por la mañana que dejó de enseñar escuela dominical, la iglesia hizo una ceremonia para honrarla. Mientras estaba en la plataforma, sufrió una apoplejía. Cinco días después de la apoplejía, se fue al Cielo. Al darme la vuelta para mirar a mi abuela, estaba con un montón de niños a su alrededor. Yo estaba muy contenta por ella porque estaba haciendo justo lo que le gustaba hacer aquí en la tierra.

Mientras todo esto ocurría, tenía un sentimiento que había sentido antes cuando he estado en la presencia de Dios. Era paz. Pero esta vez era diferente. Era la paz más completa que jamás he experimentado. Déjame que me explique. Lo que hacía que esta paz fuera diferente era que la cabeza la tenía despejada. No había estrés, no había presión por todas las cosas que nublan nuestras mentes. Todo se había ido. Me deshizo de tal manera que estaba llorando como un bebé mientras veía la visión—no un lloro triste, sino un llanto gozoso—Pensé, "esto es el Cielo. Así es como se siente uno cuando está en el Cielo". ¿Te puedes imaginar cómo será cuando estemos en el Cielo para siempre y toda la basura que llena nuestras vidas no esté? Eso es paz. Es el descanso del Cielo. Es tan completo que no hay nada que desees más que eso.

Un Lugar de Descanso

Es gracioso que la palabra *desasosiego* venga de la palabra *sosiego*. La palabra desasosiego quiere decir menos sosiego. Recuerdo una vez que me sentía como si estuviese cargando con mucha responsabilidad en la oración. En ese tiempo, uno de nuestros estudiantes vino a mí un día y me dijo básicamente que todo estaba bien, que no tenía que sentir o llevar toda la responsabilidad de la oración. Lo que me dijo me animó tanto ese día porque era por eso por lo que estaba pasando entonces. Vino a

UNA ALEGRE INTERCESIÓN

mí como una bocanada de aire fresco. Recibí la palabra y volví al lugar de descanso.

No quiere decir que dejé de orar por lo que había en mi corazón. Pero me sacó de la lucha y de la necesidad de cumplir que a menudo se entremezclan con nuestras agendas de oración (la fe es más bien el producto de rendirse más que de luchar).

Hay una mentalidad de estar siempre ocupado que puede aferrarse a nosotros e impulsarnos a hacer cosas por Dios que Él no nos está pidiendo. Cuando eso ocurre, nos saca de nuestro descanso. Podemos sentir como que necesitamos hacer algo por Dios para que Él nos acepte. Pensamos que al hacer esto Dios nos aceptará más y, tal vez, nos amará más.

Te lo digo, no tienes que hacer nada por Dios y Él no te amará menos. Hemos creído tanto que es necesario que trabajemos y hagamos cosas por Dios para que podamos adquirir una identidad y podamos ser aceptados. Pero empezamos nuestra andadura en el Reino siendo aceptados. De ahí es de dónde se forma nuestra identidad.

Como intercesores, necesitamos orar desde esa nueva identidad, esa creencia esencial que dice, "¡Ya he sido aceptado! ¡Ya soy amado! ¡Ya tengo favor con Dios!" Ves, ya hemos sido aceptados.

Desafortunadamente, muchas de las experiencias de nuestra vida no nos enseñan esto. En la vida se te recompensa o recibes aprobación si haces esto o aquello. El Reino de Dios no funciona así. Dios no está sentado en el Cielo esperando a que hagas algo por Él para amarte. Está mucho más interesado en que entremos en Su amor y su descanso. Vamos a mirar más en profundidad el descanso del Señor.

El Verdadero Día de Reposo

Antes de recibir esa circuncisión, ustedes estaban muertos en sus pecados. Sin embargo, Dios nos dio vida en unión con Cristo, al perdonarnos todos los pecados y anular la deuda que teníamos pendiente por los requisitos de la ley. Él anuló esa deuda que nos era adversa, clavándola en la cruz. Desarmó a los poderes y a las potestades, y por medio de Cristo los humilló en público al exhibirlos en su desfile triunfal. Así que nadie los juzgue a ustedes por lo que comen o beben, o con respecto a días de fiesta religiosa, de luna nueva o de reposo. Todo esto es una sombra de las cosas que están por venir; la realidad se halla en Cristo (Colosenses 2:13-17).

Esto nos relata lo que hizo Jesús cuando vino y ofreció Su vida a favor nuestro. El canceló lo que nos ataba—todas esas reglas y decretos legalmente vinculantes. Todo fue clavado en la cruz. Las potestades y los principados fueron desarmados. Nuestro Cristo triunfó sobre todo. Así, el verdadero día de reposo se convierte en el reposo de Dios. De la misma manera como Dios descansó, y después de la misma manera como Jesús hizo Su obra y descansó, así nosotros también podemos entrar en un verdadero reposo.

Por consiguiente, queda todavía un reposo especial para el pueblo de Dios; porque el que entra en el reposo de Dios descansa también de sus obras, así como Dios descansó de las suyas (Hebreos 4:9-10).

El significado de la palabra reposo tanto en hebreo (*shabat*) como en griego (*katapausis*) es "cesar, celebrar, desistir de la fatiga, dejar, poner a un lado, reposar, morar". Creo que el verdadero día de reposo significa cesar de tus obras, tus propios esfuerzos, tus propias actividades. Con esto no quiero implicar que dejas tu ministerio o tu trabajo para el Reino. Lo que te digo es que debes tener un corazón de descanso. Eso quiere decir cesar de tus propios esfuerzos, tus propias luchas, y depender de las obras de otro: Dios. Cuando empiezo a sentirme abrumada y siento como vuelve la lucha, me paro y vuelvo a entrar en el descanso del Señor. Cuando caminamos en este reposo, vivimos nuestras vidas de una manera más plena y somos más efectivos en nuestros ministerios y dones.

Manteniendo Tu Reposo

Como intercesores, si queremos mantenernos en un lugar de reposo, tenemos que aprender a orar y hacer nuestra parte y después devolverle nuestras cargas al Señor.

Nuestra hija Leah, trabajó de cuidadora de niños durante cinco años. Empezó a supervisar a dos niñas que eran increíbles. Una de las niñas pequeñas podía ver en la esfera espiritual. Podía utilizar su sentido del tacto y su sentido de la vista para comprender lo que estaba pasando.

Llamé a Leah un día y le pregunté si podíamos ir a comer. Nos encontramos en un restaurante de la zona. Cuando empezamos a entrar en el restaurante nos dimos cuenta de que (la llamaremos así) Rachel empezó a esconderse detrás de Leah. Cuando llegamos a nuestra mesa, estaba muy turbada y se daba constantemente la vuelta. Le pregunté qué le pasaba. Me dijo que la señora que estaba sentada detrás de nosotros estaba triste y que le dolía el corazón. Rachel sólo tenía tres años en aquél entonces.

Me di cuenta que Rachel estaba viendo en la vida de esta persona. Así que oramos ahí mismo y le pedimos a Jesús que ayudase a esta mujer y sanase su corazón. Rachel seguía inquieta. Le dije que oraríamos más tiempo. Lo hicimos y después le dije que teníamos que darle este sentimiento a Jesús y así dejar que se fuera. Lo hicimos y Rachel se quedó satisfecha y volvió a ser como era ella, feliz. Yo estaba sorprendida y pensé para mí, "ojalá hubiera podido aprender esa lección cuando era joven. Esa lección me hubiera ahorrado mucho dolor de corazón".

Creo que es posible llevar con nosotros ese descanso porque Dios no nos está pidiendo que llevemos el mundo sobre nuestros hombros. Nos está pidiendo que entremos en un descanso que es interno. Mi esposo es, en mi opinión, una de las personas más ocupadas del planeta. Para él es un desafío tomarse el tiempo para descansar. Pero una cosa que he notado a lo largo de los años que llevamos juntos es que lleva por dentro un reposo que es del Señor. Es muy fuerte en él. Sabe dónde está su fuente y, a menudo, hace uso de ella. Si no tuviera esa fuerza interior, no podría seguir adelante con su ritmo de vida. No tenemos un plan "B". Dios es nuestro plan "A" y Él es nuestra fuente.

"Vengan a Mí, todos los que están cansados y cargados y Yo les daré descanso. Tomen mi yugo sobre ustedes y aprendan de Mí, porque soy manso y humilde de corazón, y encontrarán descanso para sus almas. Porque mi yugo es fácil y mi carga es ligera" (Mateo 11:28-30 Traduc. de NASB).

Aquí se menciona el descanso dos veces. La primera vez Jesús está diciendo, "Vengan a Mí, todos los que están cansados y cargados y Yo les daré descanso" (Mateo 11:28). La segunda vez dice, "Encontrarán descanso" (Mateo 11:29). Primeramente venimos a Él y Él nos da ese descanso. Después, a medida que seguimos tomando Su yugo, aprendemos de Él. Hemos entrado en la escuela del Espíritu Santo. A medida que crecemos en Él y en Sus caminos, y hasta en Su presencia, encontraremos el descanso para nuestras almas.

Jesús nos dio un ejemplo de esto en Mateo 8.

Descansando en la Tormenta

Luego subió a la barca y sus discípulos lo siguieron. De repente, se levantó en el lago una tormenta tan fuerte que las olas inundaban la barca. Pero Jesús estaba dormido. Los discípulos fueron a despertarlo. «¡Señor»—gritaron—, «sálvanos, que nos vamos a ahogar!». «Hombres de poca fe» —les contestó—, «¿por qué tienen tanto miedo?» Entonces se levantó y reprendió a los vientos y a las olas, y todo quedó completamente tranquilo. Los discípulos no salían de su asombro, y decían: «¿Qué clase de hombre es este, que hasta los vientos y las olas le obedecen?» (Mateo 8:23-27).

Al leer esta historia, tenemos que preguntarnos cómo pudo dormir Jesús en una tormenta cuando parecía que todos iban a perecer. Jesús hasta les preguntó después de que le hubieran llamado, "Hombres de poca fe, ¿por qué tienen tanto miedo?" (Mateo 8:26). Jesús vivía en una seguridad interna. Era tan fuerte en Él que nada le podía conmover de esa realidad. Él podía dormir en una tormenta. Él practicaba y es un modelo para nosotros en esta historia, dándonos un ejemplo de qué es tener descanso en el corazón.

Una Cosa Sencilla

Aunque podemos llevar el descanso de Dios con nosotros, seguimos necesitando aprender cómo entrar en Su descanso. Recuerdo una de las primeras veces que empecé a practicar esto de entrar en el descanso de Dios. Fue hace algunos años e iba en coche hacía la ciudad para hacer algunas compras. En ese viaje de una hora, el vehículo que estaba conduciendo decidió rendirse y dejar de funcionar. Mi primera respuesta fue tener pánico y enfadarme muchísimo. "¿Cómo ha podido pasar esto? A partir de ahora todo será un desastre". Ya sabes como podemos tomar estas cosas algunas veces.

Me encontré con un teléfono público (no había móviles en ese entonces) para poder llamar a mi esposo. Al empezar a marcar el número, pensé, "¿Por qué estoy actuando así? ¿Por qué estoy tan enfadada?" Entonces me di cuenta de algo que era muy sencillo pero que cambió mi vida. A veces son las cosas sencillas de la vida las que producen ese cambio en nosotros con respecto a nuestra manera de pensar.

Pensé, "Sabes, creo que me voy a calmar y voy a entrar en reposo interior, podré ver lo que Dios puede hacer en esta situación". Así que tomé una sencilla decisión y escogí permitirle a Dios que tuviera en sus manos este pequeño problema del día. Por supuesto, una vez que tomé esa decisión, todo tomó su lugar y empezó a funcionar. Escogí el "descanso del Señor" para mi vida ese día. Pienso a menudo en ese día. En lo que parecía ser una cosa trivial, Dios me permitió que viera que podía acudir a Su descanso en cualquier momento que lo necesitase. Era mi decisión.

UNA ALEGRE INTERCESIÓN

¿Has jugado alguna vez a "y si..."? Por ejemplo, ¿Y si los discípulos hubieran tomado la decisión y hubieran entrado en ese descanso que Jesús tenía? ¿Qué hubiera ocurrido en esta historia? ¿Y si tú entras en el "descanso del Señor" ahora mismo? ¿Qué pasaría? La historia de tu vida sería bastante diferente, ¿no?

Dios nos está llamando a que escojamos Su descanso y a que lo cultivemos en todo lo que hacemos.

ENFRETANDO LOS RETOS

Me pasé casi dos años en los que, casi cada vez que iba a la iglesia, lloraba sintiendo y discerniendo cosas del mundo espiritual. A veces lloraba porque sentía la presencia de Dios de una manera muy fuerte en la reunión.

Gran parte de esa época me la pasé en encuentros celestiales gloriosos. Pero cuántos saben que si lloras en un lugar público más de lo normal, la gente empieza a preguntarte si estás bien y qué te está pasando. Recuerdo que muchas personas vinieron a preguntarme si estaba bien durante esa época. Les decía que estaba sintiendo a Dios de verdad y les contaba lo que Dios estaba haciendo. Pero creo que era muy difícil para la gente entender que este periodo de llanto que estaba experimentando

UNA ALEGRE INTERCESIÓN

no era una cosa mala. Desde fuera, probablemente parecía que algo no iba bien. Pero, para mí, las cosas no podían ir mejor.

Durante esa época, había veces en las que sencillamente iba detrás del escenario y me escondía e intercedía. Fue un tiempo de aprendizaje tremendo para mí y para otros. Dios empezó a moverse de maneras sorprendentes en nuestras reuniones. Fue durante este tiempo que la intercesión en nuestra iglesia salió verdaderamente fortalecida. Pero quiero aclarar que no oramos por el avivamiento. No tuvimos reuniones especiales de oración en las que orábamos para que viniera el avivamiento. Para nosotros, el avivamiento vino y después empezamos a tener reuniones de oración. Dios sencillamente vino y se movió y desde ahí creció nuestra intercesión.

El ministerio de oración intercesora dentro de la iglesia es un ministerio de ayuda. Como intercesores tenemos que orar por los pastores y los líderes al igual que por los ministerios de la iglesia. Estamos ahí para bendecir al liderazgo, para orar por sus ministerios para que se expandan y sean bendecidos y crezcan; y para orar para que haya protección sobre ellos y sobre sus familias. Como intercesores, estamos ahí para que las cosas les sean más fáciles a los líderes. Eso es lo que sentimos que estábamos haciendo. Sentimos que estábamos ayudando.

Durante este tiempo, sentimos que debíamos tener intercesores orando durante las reuniones. Pusimos intercesores para cubrir al equipo de alabanza y para cubrir al orador durante las reuniones. Estábamos orando por bendición, por unción y para que Dios viniera. Así empezamos a asignar a ciertas personas para que orasen detrás del escenario los domingos. Dios estaba sencillamente derramando y nosotros estábamos de acuerdo con Él y no queríamos perdernos nada de lo que Él estuviese haciendo. Esos intercesores se convirtieron en una cubierta para el equipo de alabanza y para la persona que hablase ese domingo.

Confrontando los Malos Sueños

Recuerdo que muchas personas empezaron a captar "cosas negativas" durante ese tiempo. Pienso en cosas negativas como sueños, visiones y pensamientos que no revelan los planes que Dios tiene para bendecir la tierra.

Verás, la gente estaba captando sueños y visiones y pensamientos de la segunda esfera. La gente venía a mí con tanta negatividad que sentí que no estábamos viendo correctamente. Cuando fui al Espíritu Santo para que me diese consejo y entendimiento, sentí que me dijo que Él estaba permitiendo que esta información saliera porque quería que aprendiésemos cómo orar desde la perspectiva del Cielo. Así que cuando la gente venía a mí con lo negativo, el discernimiento y los sentimientos de la segunda esfera, les decía que Dios les estaba permitiendo ver esto por una razón. Ahora era la responsabilidad de cada uno el ver eso desde la perspectiva del Cielo. Les dije que tenían que preguntar a Dios cuál era Su intención. Verás, cuando ves algo negativo siempre tienes que ir a Dios y decirle, "Vale, Dios, ¿qué estás haciendo?" ¿Qué estás diciendo a través de esto? ¿Cómo quieres que ore?"

Siempre es fácil encontrar basura. Pero Dios quiere que busquemos más allá de la basura y encontremos el tesoro. Las Escrituras dicen,

UNA ALEGRE INTERCESIÓN

Gloria de Dios es ocultar un asunto, y gloria de los reyes el investigarlo (Proverbios 25:2).

Viendo Como Dios Ve

Déjame que te dé un ejemplo de cómo buscar el tesoro. Un domingo por la mañana, me encontré en el suelo con Dios. Me trajo una imagen de un hombre que era el propietario de un establecimiento donde se hacen tatuajes en la ciudad. Había visto a este hombre un día en su tienda. Podía saber cómo era simplemente con mirarle. Los ojos te dicen todo lo que necesitas saber. Eso es lo que vi ese domingo por la mañana. Vi odio y enfado. En vez de maldecir al hombre y a su negocio, empecé a ver el corazón de Dios hacia él. ¡Ay, Dios mío!, me deshizo. Oré para que su destino se cumpliese y oré para que Dios derramase Su amor sobre él y se llevase el enfado y el odio. Nunca llegué a oír si el joven cambió de vida o si el odio y el enfado se fueron. Pero, a causa del intenso tiempo de oración, sé que Dios estaba detrás de algo esa mañana. Yo era la que estaba en la brecha por ese hombre, rogando delante de Dios por su situación.

Permítele a Dios que tome tu corazón. Déjale que te lleve a un lugar de intercesión. Quédate quieto y conoce que Él es Dios. Cuando estaba orando por este joven, le estaba viendo como Dios le veía. Es lo que llamamos, "encontrar el oro en alguien".

Al encontrar el oro en alguien, tienes que cavar más hondo. Nunca es difícil encontrar basura, pero debemos profundizar más para encontrar el oro, eso es ver a la persona como Dios le ve. Cuando vemos las cosas malas que nos rodean, todo lo que tenemos que hacer es profundizar en Dios y encontrar el oro. Encuentra las cosas que Dios está diciendo. Entonces podemos ponernos de acuerdo con respecto al oro. ¡Vaya! ¡Qué concepto orar el Cielo!

Como intercesora que soy, quiero que los líderes por los que estoy orando sientan que soy una bendición y no una carga. Una tarde me reuní con un pastor para hablar. Después de haber hablado en su iglesia, le pregunté cómo le iba su relación con sus intercesores. Me dijo, "¿de verdad que lo quieres saber?" Le dije, "sí". Me dijo, "Para ser honesto contigo, me agotan". Continuó, "Me traen todos sus sueños, sus advertencias, lo que debería ocurrir aquí, y es tanto que a mí me agota".

Le sugerí que tuviera un intercesor que actuara de cabecilla y que, tal vez una vez al mes, él (esto es, el pastor) debería ir a hablar con el grupo de intercesión para mantener el contacto. El hecho de tener una persona a la cabeza le ayudaría porque él/ella podría dirigir al grupo bajo la cubierta del pastor. Entonces si esta persona sintiera la necesidad de venir a hablar con el pastor sobre lo que fuera, podría hacerlo.

No Te Ofendas

Vivimos en una cultura tan profética que, si cualquier domingo dejásemos a nuestra gente libre, estaríamos ahí todo el día oyendo lo que Dios está diciendo. Recuerdo que cuando llegamos a Bethel, los domingos por la mañana teníamos muchas personas que tenían una palabra profética o un sentimiento de lo que deberíamos hacer después en la reunión. Era nuestra tarea tratar de resolver cuáles usar y cuáles dejar. Durante esa época, descubrimos que es la responsabilidad del líder decidir qué hacer con la palabra profética o dirección que te trae el intercesor, y no de la persona intercesora.

Sé que ese tiempo fue difícil para algunos porque no siempre usábamos lo que nos traían. Pero esta es una buena lección para nosotros como pueblo intercesor bajo un líder. Como intercesores, venimos con lo que sentimos que es la palabra o dirección de Dios y se la damos a nuestros líderes. Entonces, debemos confiar en ellos para que hagan lo que consideren que es lo mejor. Debe haber una relación que esté llena de confianza entre el pastor y el intercesor. Recuerda intercesor, tú vienes para ayudar al pastor o al líder. Vienes a su lado para pedir protección sobre ellos.

El Arte de la Intercesión

Creemos que hacer intercesión a través de las artes es una parte muy importante de nuestra oración en Betel. Tenemos dos modelos de oración que utilizamos que son un ejemplo de cómo fluyen las artes con la oración.

A continuación hay una descripción de nuestra plataforma de intercesión:

> Los intercesores que escogemos para la reunión son individuos que se mueven específicamente en la intercesión a través de la adoración, personas que quieren asociarse con Dios para ver como la atmósfera misma cambia cuando entran en un lugar de adoración. Animamos a nuestros equipos a que respondan de manera creativa a través de la adoración y manifiesten los movimientos del Cielo, como para liberar una demostración física de lo que se siente en la atmósfera.
>
> Los equipos se forman a través de la relación y de estar conectados los unos con los otros. Yo creo que a medida

que caminamos en relación y en comprensión, al producirse un cambio en la atmósfera, lo sentiremos más fácilmente y podremos responder como se merezca y en unidad. Los intercesores están diseñados para tener una relación con los equipos de adoración y para cubrirles en oración. Al edificar estas relaciones podemos movernos en unidad y como uno solo en el Espíritu con una mayor autoridad.

Como líder, he sido bendecida con intercesores que vienen llenos y listos para dar, que están emocionados y expectantes sabiendo que Dios es bueno siempre y anticipando que ocurrirán cosas nuevas.

Nosotros, en Betel, promovemos el gozo y queremos ser dispensadores del amor de Dios. Nos presentamos una hora antes de la reunión y empezamos a orar por los músicos de la adoración mientras ellos practican. Esto le permite al equipo tener tiempo para conectarse en el Espíritu con los músicos y con lo que Dios está a punto de hacer en la reunión.

Durante la práctica de la adoración, el líder ora para obtener una guía sobre dónde debe colocar a los miembros del equipo. Siento que es importante, a la hora de situar a los intercesores, que el líder libere autoridad y cobertura sobre cada miembro. Ya que tenemos más de una reunión, tenemos varios líderes dentro de todo el grupo. El intercesor principal siempre está colocado detrás del líder de adoración. Los intercesores se ponen cerca del equipo de adoración entendiendo que todos tienen su propio espacio espiritual, una vez más reforzando la necesidad de tener una relación los unos con los otros.

Después de que termina la adoración, nos reunimos como grupo y oramos juntos para cubrirnos los unos a los otros para la semana venidera. El hecho de tener a tus intercesores cubiertos por medio de la autoridad es el don más importante que les puedes dar.

Utilizo el mismo principio para el arte como medio de intercesión. Al tratar con nuestros artistas, animo a los individuos a que se muevan por su arte como si su pintura fuera una reflexión de lo que está ocurriendo en el Espíritu.

Al estar siempre vigilantes para capturar la esfera invisible cuando pintamos desde la perspectiva del Cielo, empezamos a movernos en la sanidad y liberación de Dios. Estamos aprendiendo a liberar un movimiento de sonidos, colores e imágenes de pinturas que dan la bienvenida a las visitaciones angelicales.

Mi deseo es revelar el corazón de Dios a través del arte, inspirar a los demás a que vivan sus vidas libres de limitaciones que les mantienen en las dimensiones naturales de este mundo. ¿Qué pasaría si pudiéramos salir de la esclavitud y entrar en la libertad a causa de la pintura? ¿Qué pasaría si el cuadro de un ángel abriese camino para una visitación de Dios? He sido testigo de cómo el arte que ha sido pintado a raíz de un encuentro celestial me habla y confirma mi espíritu. Dios se manifiesta continuamente a través de todas las artes y Él tiene mucho más que expresar a través de las artes.

A veces los artistas tienen sueños y visiones que los llevan a un lugar al que me gusta llamar, arte viva, arte que es interactiva y que cobra vida. Aquí los artistas entran en la obra de arte misma y es como si se convirtiesen en parte del cuadro. Otros artistas captan un montón de colores. Empiezan a liberarlos en la atmósfera y se aferran a lo que está ocurriendo en lo sobrenatural. A todos los que no están familiarizados con el arte como forma de intercesión, piensan que son sencillamente colores y movimiento, pero a cada sonido, a cada color que se libera, se produce una oportunidad para experimentar un nuevo nivel en la creatividad de Dios.[1]

Durante la práctica de la adoración, el líder ora para obtener una guía sobre dónde debe colocar a los miembros del equipo. Siento que es importante, a la hora de situar a los intercesores, que el líder libere autoridad y cobertura sobre cada miembro. Ya que tenemos más de una reunión, tenemos varios líderes dentro de todo el grupo. El intercesor principal siempre está colocado detrás del líder de adoración. Los intercesores se ponen cerca del equipo de adoración entendiendo que todos tienen su propio espacio espiritual, una vez más reforzando la necesidad de tener una relación los unos con los otros.

Después de que termina la adoración, nos reunimos como grupo y oramos juntos para cubrirnos los unos a los otros para la semana venidera. El hecho de tener a tus intercesores cubiertos por medio de la autoridad es el don más importante que les puedes dar.

UNA ALEGRE INTERCESIÓN

Utilizo el mismo principio para el arte como medio de intercesión. Al tratar con nuestros artistas, animo a los individuos a que se muevan por su arte como si su pintura fuera una reflexión de lo que está ocurriendo en el Espíritu.

Al estar siempre vigilantes para capturar la esfera invisible cuando pintamos desde la perspectiva del Cielo, empezamos a movernos en la sanidad y liberación de Dios. Estamos aprendiendo a liberar un movimiento de sonidos, colores e imágenes de pinturas que dan la bienvenida a las visitaciones angelicales.

Mi deseo es revelar el corazón de Dios a través del arte, inspirar a los demás a que vivan sus vidas libres de limitaciones que les mantienen en las dimensiones naturales de este mundo. ¿Qué pasaría si pudiéramos salir de la esclavitud y entrar en la libertad a causa de la pintura? ¿Qué pasaría si el cuadro de un ángel abriese camino para una visitación de Dios? He sido testigo de cómo el arte que ha sido pintado a raíz de un encuentro celestial me habla y confirma mi espíritu. Dios se manifiesta continuamente a través de todas las artes y Él tiene mucho más que expresar a través de las artes.

A veces los artistas tienen sueños y visiones que les llevan a un lugar al que me gusta llamar, arte viva, arte que es interactiva y que cobra vida. Aquí los artistas entran en la obra de arte misma y es como si se convirtiesen en parte del cuadro. Otros artistas captan un montón de colores. Empiezan a liberarlos en la atmósfera y se aferran a lo que está ocurriendo en lo sobrenatural. A todos los que no están familiarizados con el arte como forma de intercesión, piensan que son sencillamente colores y movimiento, pero a cada sonido, a cada color que se libera, se produce una oportunidad para experimentar un nuevo nivel en la creatividad de Dios.

Enfretando los Retos

Durante una de nuestras conferencias, algunos amigos que tenían amigos en Fiji nos alertaron de que se acercaba un tsunami a esas islas. Nos pareció que era muy importante orar por esto. Así que empezamos a orar de forma corporal. Durante este tiempo de oración, alguien se dio cuenta de un cuadro que había en la plataforma que había pintado uno de nuestros intercesores la noche antes. Corrió a la plataforma y trajo el cuadro al frente para que todos lo vieran claramente.

El cuadro era un dibujo de una ola enorme que se dirigía a la tierra. Pero, entre la ola gigante y la tierra, había una pared de ladrillos muy grande. Sin exagerar, todos nos sorprendimos. Nuestro nivel de fe llegó hasta el techo porque sabíamos que Dios iba a parar el tsunami. No había ninguna duda en nuestras mentes. Poco tiempo después de haber orado, nos llegó noticia de que lo que iba a ser una ola destructora se disolvió y se convirtió en nada. Sentimos que a través del cuadro Dios ya había visto el problema aproximándose y había dado la respuesta.

Otra área de oración y de artes creativas que hemos visto despegar es un ministerio denominado *48HOP* (por sus siglas en inglés 48 hours of prayer, que traducido al castellano significa 48 horas de oración), cuarenta y ocho horas de oración que incluye expresión artística. Nuestro hijo mayor, Eric, sintió la necesidad de empezar una reunión de oración que durase 48 horas en su iglesia. Desde ahí ha evolucionado a un ministerio y ha llegado a varios lugares por todo el mundo. Su intención era ver a todo el pueblo, y no sólo a los que se llaman a sí mismos "intercesores", atraído a un estilo de vida de oración.

Algunos amigos suyos le mostraron un pasaje en Zacarías 1:18-21:

UNA ALEGRE INTERCESIÓN

Alcé la vista, ¡y vi ante mí cuatro cuernos! Le pregunté entonces al ángel que hablaba conmigo: «¿Qué significan estos cuernos?» Y el ángel me respondió: «Estos cuernos son los poderes que dispersaron a Judá, a Israel y a Jerusalén». Luego el Señor me mostró cuatro herreros. Le pregunté: «¿Y estos qué han venido a hacer?» Y el Señor me respondió: «Los cuernos son los poderes que dispersaron a Judá, a tal punto que nadie pudo volver a levantar la cabeza. Los herreros han venido para aterrorizarlos, y para deshacer el poder de las naciones que levantaron su cuerno contra la tierra de Judá y dispersaron a sus habitantes» (Zacarías 1:18-21).

Así que *48HOP* incluye hacer muchas cosas con el arte, la música y la creatividad. Al entrar en la habitación, está llena con música en directo y/o CD's de adoración. Por toda la habitación hay cubículos de oración. Puede haber un espacio de oración dónde te sientes y pintes como un acto de intercesión de adoración. Puede haber un lienzo con el mundo pintado en él. La gente puede venir a este lienzo y con un rotulador escribir oraciones sobre diferentes partes del mundo. Otro cubículo puede tener un archivador con palabras proféticas para que la gente las lea y ore por ellas.

Hay un cubículo donde puedes escribir un diario con tus oraciones mientras estás en el cuarto de oración. Hay un cubículo de escritura creativa donde te puedes sentar frente a una mesa y expresarte con Dios por medio de la escritura. Después, cada cierto tiempo, un líder viene y nos dirige en alguna oración conjunta. Hay un micrófono disponible y la gente puede venir y orar en voz alta sobre lo que se esté orando en ese momento.

Lo que hace que este evento sea tan maravilloso es que la gente que normalmente no se entregaría a la oración o a la intercesión se da cuenta de que la oración está en sus expresiones artísticas. Algunas personas nos han dicho que esto ha hecho que su vida de oración vuelva a prender. La oración no debe ser aburrida, jamás. A los niños les encanta el *48HOP*.

Recuerdo una vez que lo tuvimos en la iglesia que una de nuestras maestras de la escuela de primaria se lo ofreció a su clase de primero. La música de adoración estaba sonando y ella les dijo que se tumbasen en el suelo y se impregnasen de la presencia de Dios. Fue una escena increíble. Después, pasados algunos minutos dejó a los niños a que fuesen a alguno de los cubículos para que orasen mediante expresiones creativas.

En el *Shepherd's Rod 2005 (El Callado del Pastor—2005)*, Bob Jones y Paul Keith Davis mencionan que "la Hueste Celestial" se va a presentar en casas de oración. Después de uno de los *48HOP*, nuestro hijo estaba empezando a cerrar pero sin querer hacerlo de verdad porque la hueste del Cielo no había visitado esta casa de oración. Total que él, junto con otros tres, se quedaron pasadas las 48 horas destinadas para ese evento. Él estaba adorando al piano y algo empezó a ocurrir.

Los ángeles empezaron a aparecer por toda la habitación. Había rayos dorados y blancos. Empezaron a aparecer destellos de luz en diferentes áreas de la habitación. Sabía cuándo entraban los ángeles porque estaban entrando por la puerta de atrás y cuando entraban la puerta se inclinaba y se doblaba ligeramente. Estos ángeles empezaron a caminar por los pasillos que había entre las sillas. Sus pies eran visibles y estaban muy ocupados caminando rápidamente por toda la habitación. Estaban ahí con un propósito; estaban ahí para establecer la gloria de Dios. Esto continuó así durante 30 o 45 minutos. Fue una noche muy buena.

Dios permitió a Su pueblo que viviera con expresión y que fueran dispensadores de esa expresión. No es diferente con la oración. Deberíamos poder mostrar los diferentes tipos de expresión en la oración, ya sea en forma de arte, en forma de palabra o en cualquier otra forma.

Intercesión Profética

A continuación hay una descripción de nuestro grupo de oración en la iglesia.

Tenemos un grupo grande de intercesores organizados dentro de la iglesia. Enseñamos a nuestros intercesores a que esperen al Espíritu Santo y le pidan Su dirección. La Biblia dice,

> *Y de igual manera el Espíritu nos ayuda en nuestra debilidad; pues qué hemos de pedir como conviene, no lo sabemos, pero el Espíritu mismo intercede por nosotros con gemidos indecibles* (Romanos 8:26).

Una de las cosas que es tan divertida acerca de las reuniones de intercesores es que, debido a que nuestros intercesores esperan a la dirección del Espíritu Santo antes de empezar a orar, cada reunión es diferente. El Espíritu Santo es tan progresivo y creativo... Nuestros intercesores emplean tiempo para empaparse en la presencia del Espíritu Santo antes de empezar a orar. Esperan en Él al preparar sus cuerpos, almas y espíritus para trabajar como uno solo. Nuestros intercesores descubren que está haciendo Él antes de empezar a orar.

Honor

Creo que una de las cosas que hace que nuestro grupo de intercesores tenga tanto éxito es que tienen la confianza y el honor del liderazgo de la iglesia. A causa de la relación existente, sabemos como líderes que podemos entregar este ministerio a un grupo de personas muy devotas y sabemos que llevarán nuestra visión.

Un Buen Reporte

Un joven vino a verme al final de una de nuestras conferencias. Nos estaba visitando y había tenido la oportunidad de pasar algo de tiempo con uno de nuestros intercesores. Me dijo que le había encantado estar con nuestros intercesores porque estaban muy felices. Estaban muy llenos de gozo. Le dije que eso estaba en nuestro ADN. Fue el mejor halago que jamás podría haber recibido.

Somos un pueblo lleno del Cielo, y el Cielo es un lugar que está lleno de gozo.

Pastores, los animo a que honren y desarrollen una relación de confianza con aquéllos de su iglesia que sean los intercesores. Tal vez sean algo raros y hagan cosas alocadas, simbólicas, proféticas, pero si les ofrecen la cobertura y les dejan volar, se dedicarán a ustedes hasta la muerte.

Intercesores, si ustedes están bajo sus líderes y someten su ministerio de oración y servicio, hallarán la satisfacción que han estado anhelando. Merece la pena trabajar para conseguir una relación entre el pastor y los intercesores.

UNA ALEGRE INTERCESIÓN

Oraciones con Trasfondo de Brujería

¿Alguna vez has oído a alguien orar de esta forma, "Dios te pido que enseñes a mi pastor y que le muestres que tiene que cambiar su manera de pensar"? Esa es una oración de manipulación y control. Esa es la naturaleza de la brujería. Las brujas controlan echando embrujos sobre las personas y las cosas.

El intentar controlar viene a causa del temor a que no te controlen. Surge de la inseguridad. Orar oraciones de control es algo peligroso. Muchos ni siquiera se dan cuenta de los que estamos haciendo cuando intentamos controlar con nuestras oraciones. Hay una línea que podemos cruzar cuando decidimos que sabemos qué es lo mejor en una situación en particular y qué es lo que debe ocurrir.

Puede parecerse a esto: "No estoy contento con la manera en la que mi líder está dirigiendo por lo que voy a orar para que cambie y empiece a actuar de la manera que creo que debería hacerlo". ¿Puedes ver el error en esto? Como intercesores, nuestra tarea es apoyar a nuestros líderes y bendecirles, estar a su lado y servirles. Me encanta cuando la gente viene a nosotros y nos dice que están orando para que obtengamos bendición y que quieren ayudar de cualquier manera posible en servicio hacia nosotros. Seamos honestos, nuestros líderes necesitan toda la ayuda que puedan recibir. Después de todo también son humanos.

Muchos de nosotros hemos orado estas oraciones sin querer. Si tú has sido de aquéllos que ha controlado con tus oraciones, pídele al Señor que te perdone y empieza a bendecir a aquéllos a los que has maldecido sin querer. Algunos lo han hecho intencionadamente y necesitan empezar de nuevo. Tal vez necesites hacer un compromiso delante de Dios de que vas a honrar y a empezar a servir a tus líderes.

Hablando Amor

He aprendido a lo largo de los años que aquéllos que son críticos con los líderes a menudo son los que tienen un don de intercesión. Necesitan convertir su crítica en intercesión. Necesitan orar lo opuesto a lo que están hablando y necesitan dejar de vivir bajo la influencia de la segunda esfera. Me gustaría pensar que Dios no puede oír las palabras de crítica, pero que sí puede oír esas palabras u oraciones que están llenas de bendición y de amor.

> *Les hablo así, hermanos, porque ustedes han sido llamados a ser libres; pero no se valgan de esa libertad para dar rienda suelta a sus pasiones. Más bien sírvanse unos a otros con amor* (Gálatas 5:13).

> *Y esta esperanza no nos defrauda, porque Dios ha derramado su amor en nuestro corazón por el Espíritu Santo que nos ha dado* (Romanos 5:5).

Hay mucho amor dentro de nuestros espíritus, y necesitamos cultivar ese amor. A medida que sacas de ese amor que hay en tu interior, empezarás a ver a la gente con los ojos de amor de Dios. En vez de orar o hablar palabras de muerte, empezarás a orar y a hablar palabras de vida y de amor.

Párate ahora mismo y acalla tu corazón y siente Su amor; este amor que nos da libertad a medida que destruye el temor; este amor que nos da libertad para amar a los demás.

Una Advertencia

Estábamos viajando y visitando una iglesia en la costa este. Durante una de esas reuniones, mi esposo tuvo una palabra de

UNA ALEGRE INTERCESIÓN

conocimiento acerca de una mujer que iba a experimentar un aborto natural o algo así. Había varias mujeres que salieron para que se orase por ellas. A mí me parecía que había demasiadas mujeres ahí esperando. Ese mismo día, a la hora de la comida, estaba sentada al lado de la esposa del pastor. Le pregunté acerca de todos los abortos naturales que estaban ocurriendo. A medida que me contaba lo que estaba pasando, sentí que debía preguntarle qué habían estado haciendo los intercesores. Le expliqué que hay veces en las que podemos participar en una guerra que Dios no ha ordenado.

Empezó a contarme que hacía un tiempo se habían asociado con otro grupo de intercesores y que habían subido a una montaña que se llamaba "La Montaña de la Bruja". Habían rechazado el principado sobre esa región. Me dijo que se sintió un poco aprensiva con eso pero que se había unido a ellos de todas formas.

Al escuchar a la esposa del pastor mientras me explicaba los tipos de oraciones que su equipo de oración había estado haciendo, empecé a captar un cuadro de lo que había estado pasando. Sentí que el Señor me mostró que lo que habían hecho no había sido guiado por Dios. Creo que entraron en un área en la esfera espiritual dónde Dios no les había mandado y terminaron sin cobertura.

El resultado fue que había pérdida de vida. Así que hicimos un plan para la reunión de esa noche. Para romper esta maldición sobre la iglesia, llamamos al frente a todas las mujeres que no podían quedar embarazadas, que habían tenido abortos o situaciones similares. Había toda una fila de mujeres esa noche. Bill y yo estuvimos bastante tiempo orando por cada una de ellas. Cuando Bill y yo nos acercamos a una joven, ella me susurró al oído, "Me acabo de enterar de que estoy embarazada". Sentí que era como si Dios estuviera diciendo, "Estas son las primicias de la sanidad".

Como intercesores, necesitamos tener cuidado y ser sensibles con lo que Dios quiere que hagamos. Nunca debemos temer al diablo. Pero tampoco debemos luchar contra él en nuestras propias fuerzas. Si permitimos que Dios dirija y dé poder, siempre habrá avance y victoria.

Si sientes cierta duda en tu espíritu, escúchalo y espera en el Señor. Ha habido veces cuando he salido para orar con las mejores intenciones, y Dios me ha susurrado, "ahora no" o "no toques eso en oración". Esto no es para poner temor en nosotros y para que paremos nuestro ministerio de intercesión, sino que necesitamos ser sabios y aprender a escuchar y a ser sensibles al mover del Espíritu Santo. La gracia de Dios es tan grande y amplia y fuerte que cuando cometemos un error, nos arrepentimos y seguimos adelante.

Para un Momento Como Éste

A lo largo de toda la historia Dios ha levantado un ejército de soldados que están dispuestos a poner sus vidas por la causa. ¿Cuántas veces te ha despertado Dios y te ha atraído a Sí mismo para un momento como éste? Tal vez no siempre entiendas por qué, pero tienes que unirte a Él. Que la historia te pertenezca, intercesor. Entra en lo que eres y zambúllete en las profundidades de Sus riquezas.

NOTAS FINALES

1. Renee Cooper, Líder de Arte e Intercesión en Bethel Church. Usado con permiso.

Los Místicos, las Experiencias Místicas y la Oración Contemplativa

> Los verdaderos contemplativos no buscan experiencias poco comunes ni, sobre todo, poder personal. La meta que les consume es tener intimidad con Dios
>
> —Santa Juliana de Norwich

Oh Dios, tu camino está en el santuario (Salmo 77:13; Traduc. de NKJV).

Este capítulo está dedicado a los místicos, a los contemplativos; a aquéllos que están presentes y a los que nos precedieron, aquéllos que han vivido en una profunda comunión con la Trinidad. Los místicos denominan a su comunión "éxtasis". Mi esperanza y oración a medida que lees este capítulo es que experimentes los diferentes niveles de éxtasis, los niveles a los que has sido llamado en las profundidades de Dios, y que Su agua fluya sobra ti.

Me he sentido atraída a aprender todo lo que pueda acerca de ellos. En mi opinión, son personas que han puesto a un lado toda su vida para proceder a la búsqueda de una sola cosa: el corazón de Dios. Una de las cosas que diferencia a los "místicos" del resto de las personas es que sólo tienen un deseo, conocer a Dios en Su plenitud.

Los místicos son personas que viven en una relación correcta con Dios y que se han rendido a conocerle más de una manera auténtica, sin importarles el precio. No buscan fama, ni gloria, ni deseos mundanos, sino que han escogido poner toda su vida para que puedan oír el latido del Cielo. Son personas que están constantemente conscientes de Dios.

Los místicos no se sienten satisfechos con lo que tiene enfrente. Quieren ver más. Ven más allá de esta realidad, ven la esfera espiritual.

Para ellos, Dios es más real que la vida. Dios es su vida. Los místicos ven cómo se conecta el mundo espiritual con el terrenal. En otras palabras, ven cómo el Cielo está invadiendo la tierra. Toman todas esas conexiones, las unen y hacen que todo tenga sentido para ellos. Pueden ver en el mundo espiritual y utilizarlo para ayudar a definir lo que está pasando en el mundo terrenal. En este sentido, ayudan a traer el Cielo a la tierra.

Para el místico, el mundo espiritual es un lugar seguro. Para todos ellos, muy a menudo, el mundo espiritual puede parecer más real que el mundo terrenal. De hecho, encuentran mejor cuando experimentan el mundo celestial.

Hay diferentes tipos de místicos. Uno de ellos es al que algunos denominan el morador de cavernas. Los Padres del Desierto que a menudo vivían como ermitaños son denominados así a veces. A un morador de cavernas le gusta estar a solas con Dios y estaría todo el tiempo a solas con Dios si fuera posible.

Una vez, mientras viajaba, conocí a un joven que, inmediatamente, vi, que era un morador de cavernas. Se lo pregunté y estuvo de acuerdo conmigo en que, efectivamente, lo era. No puedo explicar a ciencia cierta cómo supe que era un *morador de cavernas*, pero lo sabía. Lo podía ver en sus ojos y en su cara y en todo lo que le rodeaba en el mundo espiritual. Sabía que era el tipo de persona que prefiere pasar tiempo a solas con Dios. Sabía que él era un amigo de Dios.

El vidente es otro tipo de místico. Un vidente puede ver en el mundo espiritual y discernir los tiempos y las sazones en los que estamos viviendo. Un ejemplo de ese tipo de místico es Bob Jones. Bob Jones es un profeta vidente.

Conexión con Dios

Sé cuando estoy en ese lugar en el que me siento completamente conectada con Dios porque tengo una paz instantánea. Cuando estoy en ese lugar, parece cómo que todo tiene sentido y todo se "centra" en un instante. En ese lugar, experimento una paz y una calidez que se podrían describir como verdaderamente divinas. Es parecido a decir, "aaaah" en mi espíritu, alma y cuerpo. No hay nada en la tierra que se parezca a ese sentimiento. Es puro éxtasis.

UNA ALEGRE INTERCESIÓN

Me he dado cuenta de que, a causa de emplear tiempo en la presencia de Dios, he aprendido cómo se accede a Su presencia y me resulta más fácil conectarme con Dios. Y, ya que he desarrollado esa conexión, cuando vuelvo mi atención a Dios, puedo empezar a sentir Su presencia de manera inmediata.

Ya que sé cómo me siento al estar conectada con Dios, estoy más consciente de cómo me siento cuando he perdido esa conexión. He aprendido que cuando no estoy caminando en ese lugar de conexión con Dios donde siento Su presencia, empiezo a verme insegura.

La mejor forma en la que puedo describir este sentimiento es que, de repente, todo empieza a estar fuera de lugar, y tengo que volver a conectarme con el corazón de Dios y con Su presencia para ver que todo vuelve a estar en el lugar correcto y, una vez que las cosas están en su sitio, empiezan a estar "perfectamente encajadas".

Another way that I can tell if I'm not at that connecting place with God is that I begin to let outside influences affect my emotions, my spirit man, and my decisions because I am not connected to what is truly real. "While we do not look at the things which are seen, but at the things which are not seen, for the things which are seen are temporary, but the things which are not seen are eternal" (2 Cor. 4:18).

Cuando nos conectamos con Dios, somos conscientes de que está ahí siempre. Y he aprendido que puede experimentar esa realidad de la presencia de Dios sin que importe dónde estoy o lo que esté haciendo. Es la certeza de que está ahí cuando voy en el coche, cuando voy a caminar o a jugar con mis nietos. Al haber invertido tiempo con Dios, centrándome en Su presencia, me doy cuenta de que tengo acceso a una conexión instantánea.

Los Místicos, las Experiencias Místicas y la Oración Contemplativa

Lo Místico—Súper y Natural

En mi opinión, los místicos son personas normales. Son personas normales consumidas por la presencia de Dios, a las que les gusta estar con Dios y que saben cómo entrar y salir del lugar secreto.

Solía pensar que los místicos eran personas que se recluían con Dios y se escondían de la gente y del mundo. Pero muchos de ellos no estaban recluidos. De hecho, vivían en el mundo y tocaban al mundo. Los santos Patrick y Columba son ejemplos de dos místicos que decidieron impactar al mundo que les rodeaba con el Reino de Dios. Estos dos hombres eran grandes evangelistas que se movían en señales y prodigios. Aunque vivían gracias al latido del Cielo, también decidieron traer el Reino del Cielo a la tierra. Ellos sabían cómo tocar el corazón del Padre y, a la vez, se movían entre las personas ministrándoles. Y, hace mucho tiempo decidí que si ellos podían hacer las dos cosas, yo también puedo.

Muchas veces, cuando la gente piensa en los místicos, piensan en personas apartadas que huyen de todo, pero no siempre es así. Algunas de las personas a las que describiría como místicos de la era moderna viven una vida extremadamente normal. Algunas que conozco pueden funcionar en el mundo que les rodea aunque invierten gran parte de su tiempo en el mundo espiritual. Su vida y su aliento proceden del lugar secreto. Para ellos, lo más importante es buscar el rostro de Dios y tienen un deseo y una pasión por saber lo que Dios está haciendo y por oír lo que está diciendo. Están desesperados por oír el latido del Cielo. Sin esa conexión con el Cielo, empiezan a sentirse desequilibrados.

Los místicos no son diferentes de ti y de mí. Son personas normales y corrientes que han elegido poner sus vidas y buscar a Dios.

UNA ALEGRE INTERCESIÓN

No limitan a Dios. Buscan a Dios de todo corazón. Van delante de Dios y dicen, "Dios, Tú eres todo lo que deseo. No importa lo que parezca, o lo que me cueste, debo tener más de ti". El clamor del corazón del místico es, "Toma el mundo, pero dame Tu Persona".

En la Biblia, el rey David era un místico. Se adelantó a su tiempo. Por ejemplo, David puso la adoración al alcance de todo el mundo. La puso a la disposición de todo el pueblo para que pudiese adorar y estar con Dios en el tabernáculo. Puso la adoración a su disposición. Dijo, todos podemos hacer esto.

Una persona mística que esté en una relación correcta con Dios y con la humanidad va a abrir las puertas de una manera natural para que otras personas puedan ir a los mismos lugares en el mundo espiritual que a los que él o ella ha descubierto. Vemos esto en el Salmo 27:4, en él David clama, "Una sola cosa le pido al Señor, y es lo único que persigo: habitar en la casa del Señor todos los días de mi vida, para contemplar la hermosura del Señor y recrearme en su templo".

Hay tantas cosas que podemos recolectar de la vida de David. Cuando leemos la Biblia vemos que cometió muchos errores. Pero Pablo escribe y alude al Antiguo Testamento en Hechos 13:22, citando lo que Dios le dijo a David, "He hallado a David hijo de Isaí, varón conforme a mi corazón, él realizará todo lo que yo quiero".

David era un hombre de acuerdo al corazón de Dios. Él siguió a Dios y a Su presencia y estaba desesperado por conocer el corazón de Dios de manera íntima. David era un hombre justo. Tenía un corazón de acuerdo al de Dios. Y, el corazón de David que seguía a Dios tenía una esencia mística. Podemos verlo cuando escribe los Salmos, en su diligente deseo de ser uno con su Hacedor y de ser conocido por su Dios. Este es el clamor del corazón del místico: ser uno con Dios.

La Unidad

Cuando invierto tiempo en el lugar secreto a solas con Dios, me envuelvo en Su presencia hasta tal punto, que todos los demás deseos pierden su importancia. Cuando permito que Su presencia me consuma, me rindo a Su voluntad tan completamente que mis deseos empiezan a encajar con los Suyos. Me encuentro tan absorta en Su presencia, tan perdida en el mar de Su belleza y tan cautivada por Su amor. En ese lugar hay plenitud de gozo, plenitud de paz, plenitud de amor y plenitud de aceptación. En ese lugar, soy una con Él. Y en ese lugar soy "llevada" a muchos tipos de experiencias místicas.

Experiencias Místicas

Dios quiere que entendamos Su mundo y Su Reino. Quiere que sepamos todo lo que hay que saber acerca de Él y que le conozcamos íntimamente. Quiere contarnos Sus secretos y compartir Su corazón con nosotros. A menudo, cuando experimentamos estas cosas, se nos presentan a través de experiencias místicas. Para nuestras mentes terrenales las experiencias místicas, casi siempre son difíciles de entender. Es como si procedieran de otro mundo, como si fueran secretos que son susurrados desde el Cielo.

Hace varios años, en una de nuestras reuniones, tuve un encuentro con el Cielo que describiría como místico. Durante esta experiencia, el Señor me llevó a una visión en la que estaba caminando por la parte superior de una preciosa colina. Había una luz tenue sobre la colina. Al dirigirme a esta colina, vi hacia la derecha a Jesús sentado en un lugar que daba a un gran valle. Miré al valle. No terminaba nunca. Parecía que no hubiese fin a ese valle. En él había miles de personas que estaban de pie, sin más. La mejor forma de describirles es que parecían hombres muertos andantes. Tenían forma humana pero estaban vacíos por dentro. Lo gracioso es que todos llevaban maletas.

Al seguir mirando, me di cuenta de que estaban empezando a ascender a la cima de la colina de uno en uno. Cuando el primer hombre subió la colina, vino y se paró justo enfrente de mí. El sentimiento que tenía era de que todos ellos tenían una necesidad muy acuciante porque estaban muertos por dentro. Necesitaban que alguien les ayudase. Pero a la vez, no sabían que necesitaban ayuda.

Miré a Jesús y no entendí por qué no iba a ayudarles. No tuvimos ninguna conversación verbal Jesús y yo, pero nos comunicábamos de espíritu a Espíritu, lo que entiendo que es el lenguaje espiritual. Al mirar a Jesús, vi que de detrás de Él vino volando el Espíritu Santo. No estaba en forma humana sino en una forma de energía blanca y azul. Era una forma energía sorprendente que volaba por todas las direcciones. Vino sobre el hombre muerto y empezó a volar y a hacer círculos a su alrededor.

Jesús me comunicó que en ese momento era mi responsabilidad ayudar a este hombre. Lo que tenía en su maleta era la clave para recibir su ayuda. Me agaché y abrí la maleta para sacar ropa. La ropa era espiritual. Era el destino, sus dones personales y la identidad verdadera del hombre. Empecé a vestirle y el Espíritu Santo le equipaba revoloteando a su alrededor. Al vestirle en lo que había sido llamado a ser, la muerte le abandonó. Estaba vivo en el espíritu. Ese fue el final de la visión. La visión me llenó de mucha emoción. La que me impresionó más que nada fue lo de tener que asociarme con el Espíritu Santo que es luz y energía.

He pensado muchas veces acerca de esa visión. Ahora me doy cuenta de que, en la visión, Jesús no hizo nada porque Él ya había obrado en la cruz. El Espíritu Santo vino porque fue enviado para ayudarnos. En esa visión aprendí que el Espíritu Santo es salvaje y está lleno de energía celestial. Nunca se detiene. Siempre está en movimiento. Estoy tan agradecida por esa visión porque me ha dado un entendimiento más profundo sobre la Trinidad. Cuando Dios nos da visiones y sueños, éstos son para darnos instrucción y revelación en lo referente a Su Reino. Lo hace para que entendamos el profundo mundo del Espíritu. "Te daré los tesoros de las tinieblas, y las riquezas guardadas en lugares secretos, para que sepas que yo soy el Señor, el Dios de Israel, que te llama por tu nombre" (Isaías 45:3).

Que Caigan los Muros

Algunas personas temen estar en los lugares íntimos del Señor. Tienen miedo de que Dios no les va a proteger porque no es bueno. Temen los asuntos de Dios y del mundo espiritual. Como resultado, construyen muros que les separen de Dios porque tienen miedo. Pero cuando llegamos al lugar donde verdaderamente creemos que Dios es bueno, que Él es nuestro Padre Celestial, podemos dejar esos temores a un lado e introducirnos en los nuevos niveles del Espíritu y empezar a experimentar la plenitud de la bondad de Dios.

UNA ALEGRE INTERCESIÓN

Diferentes Tipos de Oración

Hay tantos tipos diferentes de oración y tantas maneras diferentes de orar. Crecí creyendo que si iba a orar tenía que utilizar palabras. He descubierto que es sólo una manera de orar. Hay muchas otras formas de hacerlo. A menudo cuando estoy en oración, no utilizo palabras para nada. Y a veces, cuando estoy en ese lugar, el Señor me trae diferentes tipos de oración o de experiencias intercesoras donde la manera en la que oro empieza a cambiar. No estoy experimentando con estas cosas, pero a veces, cuando estoy en ese lugar, me vienen. Algunos de esos diferentes tipos de oración son el "dolor de parto", la meditación, los éxtasis y ciertos tipos de oración contemplativa.

Dolores de Parto

Un tipo de oración es la de dolores de parto. Dolor de parto es una oración que tiene lugar cuando una persona "tiene dolores" en la oración. Un gran ejemplo de los dolores de parto es lo que Jesús hizo en Getsemaní. En Lucas 22:44 dice, "Y estando en agonía, oraba más intensamente; y era su sudor como grandes gotas de sangre que caían hasta la tierra".

El dolor de parto es un sentimiento intenso de dar a luz algo. Durante los dolores, tus oraciones son clamores profundos y gemidos que vienen de tu hombre interior. Hay veces cuando todo lo que puedes hacer es actuar de una manera física con lo que está ocurriendo en el mundo espiritual. Estos actos físicos se convierten en proféticos. Se convierten en la cosa que va a hacer que haya una apertura en lo que estás pidiendo.

Los Místicos, las Experiencias Místicas y la Oración Contemplativa

Sería más fácil describir qué es el dolor de parto mediante un ejemplo. Una noche, en la iglesia, Bill y yo nos dimos cuenta de que una de las mujeres jóvenes no estaba bien. En aquél entonces, ella tenía una relación bastante cercana con una persona a la que se le había diagnosticado cáncer. La joven vino a nosotros y empezó a llorar y a temblar. Supe inmediatamente que estaba empezando a tener dolores. Supe que no era algo que ella había escogido hacer porque no es para nada así.

Le expliqué lo que estaba ocurriendo y le dije que estaba teniendo dolores de parto. Oré con ella a través de todo este proceso y la dejé con sus dolores de parto durante el resto de la adoración. Me senté con ella mientras grandes gemidos salían de su interior. Después de un tiempo, supe que necesitaba ser liberada del dolor de parto y le dije que entregase al Señor la carga de oración que estaba experimentando. Tan pronto como se la hubo entregado, se pudo notar la liberación que la invadió. La joven me preguntó si podía usar una de las banderas y subir a la plataforma. Esto estaba tan fuera de lo ordinario para ella que supe que venía de Dios.

Se subió al escenario y utilizó la bandera como adoración. Cuando lo hizo, sentí que hubo una liberación para ella y que era algo que necesitaba hacer, algo en el nivel físico que era el fruto de lo que acababa de ocurrir en el mundo espiritual. Dejó de cargar con el dolor o la pesadumbre; los había liberado y entregado a Dios.

Déjame que te dé otro ejemplo de dolor de parto. James Goll, un ministerio itinerante, estaba visitando nuestra iglesia hace años porque teníamos una conferencia. Durante esta conferencia, James se me acercó y me denominó la intercesora que llora. En ese punto en mi vida, esas palabras eran agua que refrescaba mi espíritu. Tenía razón al llamarme así. Sentí que eso era todo lo que hacía, llorar y estar de parto sin parar.

Le estaba preguntando a Dios, "¿Por qué estoy llorando tanto?" Muchos sentimos a Dios de maneras diferentes. Y, a veces, mostramos manifestaciones físicas de esos sentimientos. Cuando siento a Dios, normalmente lloro. Podría ser porque estaba sintiendo Su presencia de una manera muy fuerte y Su deseo o Su amor hacia el mundo. Sentir Su amor hacia este mundo es un sentimiento muy intenso y cada vez que lo experimentas te deshace. Su amor es muy vasto y grande y esas palabras no llegan a describir Su amor hacia nosotros.

A veces, cuando una persona está de parto, puede parecer casi como si estuviese en el proceso de dar a luz. Recuerdo a muchas personas que entraron en los dolores a finales de los 90 cuando estaba habiendo tanto cambio en la atmósfera espiritual de la iglesia. Lo podía sentir todo. Era sorprendente sentir y ver lo que Dios estaba haciendo. Estaba empujando en el mundo espiritual.

En la iglesia, estábamos teniendo reuniones de oración durante la semana. Había reuniones que estaban repletas de dolor y de gran celebración. La gente en la iglesia podía sentir lo que estaba ocurriendo. No sé si entendimos lo que estaba ocurriendo, pero sabíamos que Dios estaba haciendo algo muy grande. Había actos proféticos con dolor físico durante esas reuniones. Parecía como si estuvieran dando a luz las cosas de Dios mediante sus oraciones. Algunas personas hubieran llamado a esto "falsas contracciones". En una de nuestras reuniones, recuerdo que había varias mujeres (yo incluida) que empezamos a doblarnos con síntomas parecidos a los dolores de parto. Parecía como si estuviésemos teniendo contracciones.

Durante esa época, nos pasábamos las horas riendo y llorando juntas. No teníamos ni idea de lo que Dios iba a establecer en los años venideros. Lo sentíamos pero no teníamos una definición completa de lo que estaba ocurriendo.

Los dolores de parto son un llamado profundo que se encuentra en tu espíritu. Todo lo que hay en ti está explotando con gemidos que las palabras no pueden expresar. Te conmueve hasta lo más íntimo. El Salmo 42:7 dice:

Un abismo llama a otro abismo en el rugir de tus cascadas; todas tus ondas y tus olas se han precipitado sobre mí.

Piensa en este versículo. El sonido de Dios, como el de cascadas, te ha llamado a que vayas al lugar profundo; todas Sus olas te envuelven. Sí y cuando eso ocurre, tú te conviertes en un desastre. Te conviertes en un desastre completo para Dios. Te hace clamar a Dios aún más.

Desafortunadamente, algunas personas se permiten quedarse en ese lugar de dolor más tiempo del que Dios les ha llamado a que estén. Si no tienen cuidado y siguen llevando esos sentimientos de ese nivel, y los convierten en sentimientos anímicos, sólo les traerá dolor.

No te puedo decir cuántos intercesores han terminado consumidos por el dolor de este mundo. Tenemos que entender que el diablo no juega de manera justa. Va a tomar cada momento ungido, lo va a retorcer y dar la vuelta y te vas a encontrar en un estado de depresión porque has sobrellevado esa carga durante demasiado tiempo. En pocas palabras, algo engendrado por el Espíritu se puede convertir en carnal si no tenemos cuidado.

Meditación

Hay veces en las que el Espíritu Santo nos trae situaciones específicas por las que orar. Y éstas no se van. Eso es *meditar*, un tipo de oración en el que uno se "sienta" y "reflexiona" sobre un asunto por el que se está orando.

Pensé que utilizaría esta herramienta de la oración un día cuando vino a verme una madre para que orase por su hijo que estaba en la cárcel. Él necesitaba a Dios. Compartí con ella lo que sentía acerca de esta meditación en el Espíritu Santo. Oramos y le pedimos al Espíritu Santo que viniera y la cubriera para que la vida le fuese devuelta.

Poco tiempo después de este incidente, ella volvió y me dijo que su hijo había entregado su vida al Señor. Recuerdo haber pensado, "qué rapidez". Así que empecé a usar esta herramienta cada vez que un padre me pedía oración por su hijo.

En una ocasión, un padre vino a verme pues estaba roto por las decisiones que había tomado su hija. Se había apartado de Dios. Al orar, dejamos al Espíritu Santo libre para que fuera y la cubriera para que pudiera sentir Su presencia. El padre volvió a verme la semana siguiente con un reporte excelente. Se había reunido con ella después de que pasó una semana y se fueron de paseo. Ella se abrió a él y le dijo, "No sé lo que has hecho, papá, pero he sentido a Dios esta semana. Es como si estuviera a mi lado".

Cuando el Espíritu Santo se "mueve" sobre el vacío, las cosas sin sustancia, la vida puede ser el único resultado. Cuando esta-

Los Místicos, las Experiencias Místicas y la Oración Contemplativa

mos en este lugar de meditación, estamos muy centrados en nuestras oraciones. Somos dirigidos por el Cielo para poder ver respuestas.

La tierra era un caos total, las tinieblas cubrían el abismo, y el Espíritu de Dios se movía sobre la superficie de las aguas (Génesis 1:2).

Cuando meditamos, ponemos todas las cuestiones "bajo nuestras alas" para hablar y mantenerlas cerca de nuestro corazón y orar hasta que llegue el nacimiento. Es el libro de Dutch Sheets *Intercessory Prayer (La Oración de Intercesión)* encontramos un gran estudio etimológico de la palabra "revolotear"[1]. Es una palabra creativa. Cuando el Espíritu Santo "revoloteó" o "se movió" o "meditó sobre", produjo vida dónde había habido vacío y nada. La palabra "revolotear" se usa como término para expresar el momento en el que una gallina cubre a sus polluelos.

Los Polluelos

Déjame que te cuente una historia para ilustrar el concepto de la oración de meditación. Hace años, uno de nuestros hijos era muy pequeño, decidimos que íbamos a criar pollos. Fue muy divertido. Los niños y yo corríamos al gallinero para ver cuántos huevos podíamos agarrar ese día.

Una mañana me di cuenta de que una de las gallinas estaba sentada sobre sus huevos. Así que, cada mañana, mirábamos dentro del nido para ver el progreso. Estábamos tan emocionados y esperábamos con tanta impaciencia que salieran los pollitos. Una fría mañana al dirigirme al gallinero, la mamá gallina se levantó y de debajo de sus alas salieron dos pollitos. Los había visto nacer y eran sorprendentes. A menudo recuerdo esta imagen cuando pienso acerca de la oración.

Muchas veces eso es lo que estamos haciendo cuando intercedemos. Estamos sentados sobre algo, forzando a la vida a que se manifieste. Nunca llegué a ver esos huevos cuando la madre estaba sentada encima. Estaban escondidos. Era un lugar secreto. Esa gallina estaba protegiendo esos polluelos con todas sus fuerzas. ¿Puedes ver el gozo de la anticipación en todo este proceso de la meditación? Sí, es trabajo y requiere paciencia, pero hay cierta excitación porque sabes que la respuesta está al llegar. La mamá gallina sencillamente se sentó y esperó. Hacemos lo mismo. Esperamos y protegemos, creando una atmósfera que facilita el nacimiento. ¡Qué gozo!

Causa y Efecto

Una amiga vino y me dijo que había visto que yo estaba orando por tres cosas. La imagen que vio era el de una gallina que estaba sentada sobre sus huevos. Cuando me lo dijo, me ayudó a identificar lo que estaba sintiendo acerca de tres cosas diferentes por las que había estado orando.

Estaba produciendo o creando algo en mis oraciones que estaba haciendo que la vida surgiera; estaba trayendo una respuesta. Es la causa y el efecto—la manera en la que las perspectivas, los objetivos y/o las medidas interactúan en una serie de relaciones causa-efecto—y que demuestra el impacto que tiene al alcanzar cierto resultado.

Eres la persona correcta en el momento correcto que hace que haya un crecimiento a medida que oras. Muchas veces los intercesores sienten que están meditando sobre un asunto y que el Padre está haciendo que algo nazca en ellos. Pueden sentir cómo viene la vida a medida que oran.

A veces, el Espíritu Santo hace que "meditemos" sobre un asunto por el que estamos orando. En mi caso, muchas de las cosas en las que me encuentro "meditando" son asuntos de una trascendencia más global.

Cuando esto ocurre, Dios me va mostrando estrategias en la oración de manera paulatina y me siento sobre ese asunto hasta que veo la respuesta. Y sé cuando ha nacido porque veo cómo se aproxima la respuesta. A veces, lo que veo es un proceso de respuestas o una progresión de oraciones respondidas.

Por ejemplo, a veces oigo acerca de la respuesta a algo sobre lo que he estado meditando, en una historia que cuentan en las noticias o en una conversación al azar. Me aseguro de que, cuando estoy meditando sobre algo, esté buscando de manera constante una respuesta porque sé que Dios siempre responde mis oraciones. Sé que es así.

Oraciones de Aliento

Hay algunas oraciones que parecen surgir de tu hombre interior. A éstas las llamo *oraciones de aliento*. No son oraciones largas, pero sí tienen el aliento del espíritu. Muchas veces cuando estoy nutriéndome en la presencia de Dios, experimento este aliento. Empieza en el interior y me conmueve hasta el punto en el que me falta la respiración. Muchas veces no salen palabras, sólo puedo inspirar lo que Él es y expirar mis oraciones.

UNA ALEGRE INTERCESIÓN

Un Sitio Angosto

Se le conoce como *sitio antosto* a un lugar en el que el Cielo y la tierra están cerca. Es más fácil experimentar el mundo espiritual en estos lugares. Muchas veces, se puede saber que estás en un "sitio angosto" porque hay muchas personas espirituales o creativas en ese lugar. Ejemplos de esto pueden ser Sedona, Arizona; Ashland, Oregón; y muchas partes de Irlanda que es famosa por estos sitios angostos. En la oración contemplativa, se descubre que la atmósfera que te rodea se vuelve muy fina y delgada hasta el punto en el que no hay división entre el Cielo y la tierra.

Una amiga y yo estábamos un día paseando por un sendero para ir a un arroyo en el que sentíamos que queríamos orar. Orábamos mientras caminábamos. Ambas entramos al mismo tiempo a un *sitio angosto*. Las dos nos detuvimos y dijimos, "vaya, ¿sentiste eso?" Sentimos que nos habíamos metido en un lugar dónde nuestro mundo y el mundo Celestial colisionaban. Nos sentimos tan embriagadas del Espíritu por haber entrado en ese sitio angosto que nos fue muy difícil terminar el resto del camino hasta nuestro destino.

La Noche Oscura del Alma

Hay veces en las que atravesamos cosas muy difíciles en nuestras vidas. Podemos hacer una de dos cosas: huir de Dios o correr hacia Él. Me he dado cuenta que correr hacia Él es la única respuesta. Durante esta *noche oscura del alma* Dios nos permite llegar a un punto de quebrantamiento que nos trae a un lugar de plena rendición. Si nos volvemos a Él en rendición y Le entregamos todo, la paz vendrá y se aposentará en nuestro interior. Da la sensación de que fuera un bálsamo de sanidad que esté siendo derramado sobre y dentro de nosotros. La dulzura de esta paz quita el quebrantamiento.

Hay otras ocasiones en las que estamos pasando un gran dolor a causa de algo. La carga puede ser tan sobrecogedora que sentimos como si fuésemos a morir. Éstas son las veces en las que necesitamos estar muy cerca de Él y entregarle de manera constante la carga. Necesitamos entregarle la noche oscura del alma. El mundo no necesita nuestra tristeza, necesita nuestro gozo.

Éxtasis

Podemos definir *éxtasis* como un período de tiempo de oración en el que la consciencia del alma se ve en suspenso y el único enfoque que tiene la persona es la increíble presencia del Señor.

A veces, mi única oración es, "Dios quiero ser una contigo". El único deseo de mi corazón es conocerle y ser conocida por Él. Cuando estoy en ese lugar, a veces me encuentro experimentando éxtasis con Dios. Cuando me deslizo en un éxtasis con Dios, me adentro en un mundo eterno en el que estoy tan consumida por la presencia de Dios que parece como que dejo de existir fuera de Su bondad. En ese lugar estoy totalmente consumida por Él. En ese lugar soy totalmente conocida por Él. En ese lugar soy una con Él.

Una mística que a menudo experimentaba "éxtasis" era Santa Teresa de Ávila. Autora de (entre otros libros y relatos) *Castillo Interior*, un libro clásico que trata de la unión con Dios y la oración contemplativa, Teresa de Ávila era una mística española que vivió desde 1515 has 1582. A continuación está cómo describe su experiencia de unión con Dios:

UNA ALEGRE INTERCESIÓN

Le agradó a nuestro Señor que pudiera ver una visión recurrente. Vi un ángel que estaba a mi lado, a la izquierda, de manera visible. Esto no era algo que veía a menudo, sólo en contadas ocasiones... En esta visión le agradó al Señor que lo viera de la siguiente manera. No era alto, sino bajo, maravillosamente bello, con un rostro que brillaba como si fuera uno de los ángeles más importantes, que parecía estar en llamas: debe ser de aquéllos a los que llamamos serafines... Vi que en sus manos había una espada larga de oro y en la punta del metal parecía haber una pequeña hoguera. Ésta la penetró varias veces en mi corazón y penetró hasta mis entrañas. Cuando sacó la espada, parecía que sacaba mi interior juntamente con ella, dejándome ardiendo con el maravilloso amor de Dios. El dolor era tan grande que me obligaba a emitir ciertos quejidos; y, a la vez, tan extremadamente dulce es este enorme dolor que es imposible querer deshacerse de él, o que el alma se contente con nada que no sea Dios.[2]

La Oración Contemplativa

La *oración contemplativa* es una oración interior, una oración de espíritu a espíritu, una forma de meditación, un morar en Él. También podría definir la oración contemplativa como estar consciente de Dios. Muchos de los diferentes tipos de oración que han sido mencionados en este libro son tipos de oración contemplativa. Cuando me encuentro en un lugar de oración contemplativa, podría decir que estoy en un lugar en el que estoy consciente de la presencia de Dios.

Me encuentro que entro en la oración contemplativa cuando me acallo delante de Dios y empiezo sencillamente a adorarle. En mi caso, simplemente observo la bondad de Dios y me encuentro yéndome con Él. No entro en ese lugar a través del estrés ni de la lucha; sino sencillamente rindiéndome a Su presencia.

La lectura busca, la meditación encuentra (significado) la oración pide, la contemplación saborea (a Dios).

La lectura da alimento sólido, la meditación mastica; la oración consigue un sabor; la contemplación es la dulzura que refresca.

La lectura está en la superficie; la meditación penetra en la sustancia interior; la oración pide porque desea; la contemplación experimenta mediante el deleite.

—*Santa Teresa de Ávila*[3]

Algunas personas, cuando contemplan a Dios, toman un versículo o una palabra sobre Dios, como puede ser Su grandeza, y empiezan a meditar en ello. Al entrar en este lugar apacible, empiezan a estar conscientes de Dios y de Su presencia, que habita en ellos. Es aquí donde las palabras ya no son importantes; es el tipo de comunicación del Espíritu. Hay muchos que, a partir de este lugar, empiezan a tener experiencias celestiales.

Meditación

La meditación cristiana formal empezó en la vida monástica cristiana de la antigüedad con la práctica de leer la Biblia de una manera pausada. Los monjes, a medida que leían, consideraban cuidadosamente el significado más profundo de cada versículo. Esta manera de leer la

UNA ALEGRE INTERCESIÓN

Escritura reflexiva y lentamente y la ponderación de su significado era su meditación. Esta práctica espiritual se denomina "lectura divina" o *lectio divina*.

A veces, los monjes se encontraban de manera espontánea orando como resultado de su meditación de la Escritura y su oración les dirigía a un enfoque sencillo y amoroso sobre Dios. Este amor sin palabras hacia Dios es lo que denominaban contemplación.

La progresión de la lectura de la Biblia a la meditación a la oración a amar a Dios, fue descrita por primera vez por Guigo II, un monje cartusano y padre prior de La Gran Cartuja en el siglo XII. Guigo denominó los cuatro pasos de esta "escalera" de oración con nombres latinos: *lectio, meditatio, oratio y contemplatio*.[4]

Todas estas personas tenían la misma cosa en común: una pasión y un fuego interior que buscaba a Dios. No podemos tener miedo de entrar en este nivel con Dios. No podemos tener miedo de que pueda haber algo demoníaco. Durante años en la iglesia la meditación ha sido malinterpretada como algo que se encuentra tan sólo en determinadas sectas. Escucha, muchas de las cosas de las sectas son meras perversiones de lo auténtico. La práctica de la meditación, en muchas sectas, es la práctica de vaciar nuestra cabeza de todas las cosas. Es a eso a lo que llaman meditación. Como creyentes, cuando meditamos en el Señor, estamos llenando nuestras cabezas con Dios y con Su grandeza.

Pónganse a temblar, y no pequen; más bien, mediten en sus camas y guarden silencio (Salmo 4:4).

En este punto, ya habrás descubierto que tener una relación íntima con el Trío, la Santa Trinidad, es vital para la vida del intercesor. Debemos aprender a conocer al Padre, al Hijo y al Espíritu Santo. Ser justo quiere decir que estamos en la postura correcta con Dios, la Trinidad. La Biblia dice que la oración ferviente y eficaz del justo puede (beneficia) mucho (ver Santiago 5:16). La versión *Message Bible* lo dice así: "La oración de la persona que vive de manera correcta con Dios es algo poderoso ante lo que se debe rendir cuentas". Debemos tener una relación constante con la Trinidad y debemos ser constantes en nuestra búsqueda de esta presencia celestial. Debemos experimentar a la Trinidad.

Piérdete en Él

Todas las palabras de este libro se reducen a una cosa: invertir tiempo con Dios. Hay un lugar en nosotros que no puede ser llenado con ninguna otra cosa que no sea Dios. Es un lugar profundo en el que moramos con nuestro Padre Celestial. Para poder llegar a este lugar, debemos acallarnos por dentro y aprender a conocerle y a sentirle.

Esta noche, al recostar tu cabeza sobre tu almohada, deja que todas las cosas del día se desvanezcan y empieza a pensar en Él. Medita en tu corazón acerca de Su bondad. Lee un versículo o escoge una palabra que le describa y empieza a conectar tu espíritu con el Suyo. Tómate tiempo y practica estar delante de Él. Las palabras no serán necesarias. Uno de los significados propuestos para la palabra *selah* es "pausar y ponderar". Pondera las cosas de Dios. Al practicar esto, pronto te habrás perdido y encontrado en Su presencia. Empezarás a entender Su mundo.

NOTAS FINALES

1. Dutch Sheets, Intercessory Prayer (Ventura, CA: Regal Books, 1996), 157.

2. Santa Teresa de Avila, citado en Allison E. Peers, Studies of the Spanish

3.. "Teresa of Avila Lectio," http://www.prayingchurch.org/ teresa.html (visitado 13 Abril 2008).

4. "Christian Meditation," http://en.wikipedia.org/wiki/Christian_meditation (visitado 13 Abril 2008).

Epílogo

Preguntas sobre la Oración y la Intercesión

1. **La Biblia no menciona ninguna postura oficial sobre el intercesor. ¿Cómo cristianos de dónde hemos sacado esto?**

   Aunque la Biblia no tiene un título oficial para el intercesor, hay muchos ejemplos en la Biblia de situaciones en las que Dios buscaba a un intercesor.

   En Isaías 59:16, dice, "Buscó a alguien, y se asombró al ver que nadie intervenía. Entonces intervino su brazo para salvar, y para establecer su justicia". Después también en Ezequiel 22:30 RVC, "Yo he buscado entre ellos alguien que se enfrente a mí e interceda en favor de la tierra, para que yo no la destruya. ¡Pero no he encontrado a nadie!".

UNA ALEGRE INTERCESIÓN

Muchas personas, especialmente los profetas de la Biblia, nos definen la palabra intercesor a través de sus vidas aunque no tuvieran tal título. Uno de esos sería Moisés. Moisés vino ante Dios en muchas ocasiones para pedirle misericordia a favor del pueblo necio. En una ocasión, Dios le dijo a Moisés que iba a cambiar Sus planes a causa de su intervención (ver Números 14:20).

Dios busca a aquéllos que se pondrán en el hueco por la razón que sea. Otra cosa que se demuestra en estos versículos es que Dios verdaderamente quiere que nos asociemos con Él para Su Reino.

2. ¿Cuál es la diferencia entre oración e intercesión?

La palabra *oración* en el Antiguo Testamento, en su gran mayoría, es la misma palabra que *intercesión*. En el Nuevo Testamento, la palabra *oración* quiere decir "adorar, pedir, hacer una petición". La definición de la palabra *intercesión*, en el Nuevo Testamento, es muy similar a la de *oración*.

La palabra *paga*, traducida como "intercesión", en el Antiguo Testamento significa "mediante accidente o violencia, hacer que se ruegue, caer, encender, reunirse".

No hay mucha diferencia entre las dos palabras excepto por el hecho de la parte violenta (*paga*) de la intercesión. Sería una manera más intensa de oración.

Creo que la intercesión es un acto de rogar a favor de alguien, la acción de intentar solucionar una disputa o una oración dirigida a Dios, a un dios, o a un santo a favor de alguien o de algo.

Preguntas sobre la Oración y la Intercesión

Interceder es rogar a alguien que está en autoridad a favor de otra persona, especialmente a favor de alguien que va a ser castigado por algo. Es hablar para apoyar a alguien que está involucrado en una disputa; es un intento de solucionar una disputa que otros tienen.

La intercesión conlleva alcanzar a Dios, encontrarse con Dios y rogarle por Su favor.

3. ¿Hemos sido todos llamados a orar e interceder?

Sí, así es. Todos hemos sido llamados a tener una relación con nuestro Padre. De ahí surge de manera automática la oración. Pero creo que una persona puede tener un don de intercesión. Éste le ha sido dado por Dios. Uno puede saber que tiene este don si todo lo que quieres es estar con Dios y si te sientes atraído a la oración a causa de todo lo que ves que está ocurriendo a tu alrededor.

4. ¿Por qué hay que orar?

Recuerda, la oración es hablar con Dios. Me encanta estar con mi esposo. Tenemos una relación maravillosa. Estamos juntos y hablamos y compartimos nuestras vidas. Siendo que Dios está buscando a aquéllos que tengan comunión (hablen) con Él y estén con Él. Él es nuestro Padre y quiere compartir Su corazón con nosotros. A medida que Él comparte, nosotros, a su vez, querremos orar. Es una sociedad.

Estén siempre alegres, oren sin cesar, den gracias a Dios en toda situación, porque esta es su voluntad para ustedes en Cristo Jesús (1 Tesalonicenses 5:16-17).

UNA ALEGRE INTERCESIÓN

La Biblia nos dice que ésta es la voluntad de Dios para nuestras vidas.

5. ¿Cuánto hay que orar por un asunto en particular?

Por experiencia, creo que hay tareas que Dios da de por vida a cada uno. En mi caso, ésta sería orar por el ministerio quíntuple de la iglesia para que sea establecido y funcione en orden. Pero, también pienso que Dios nos da tareas de oración a más corto plazo. ¿Cómo sabes que se ha terminado tu tarea? Sentirás que hay un levantar del peso y una liberación de esa tarea.

También hay ocasiones en las que una tarea viene y se va. Por ejemplo, durante varios años había estado orando por una región en particular y hasta por un líder en particular de esa región. Entonces, de repente todo paró durante un año. Una mañana me desperté y pensé, "Me pregunto cómo le irá a esa persona". El deseo de orar por esta región y por la persona me volvió y empecé a orar otra vez. Pienso que la clave aquí está en ser sensible a Su voz y Él te hará saber.

6. ¿Cómo sabemos que estamos orando de acuerdo con la voluntad de Dios?

Para ser honestos, hay veces que nos equivocamos y, a raíz de ahí, aprendemos. Siempre debemos utilizar la Biblia como guía.

"Y de igual manera el Espíritu nos ayuda en nuestra debilidad; pues qué hemos de pedir como conviene, no lo sabemos, pero el Espíritu mismo intercede por nosotros con gemidos indecibles" (Romanos 8:26 RV60). El espíritu del hombre conoce al hombre, de la misma manera ocurre con el Espíritu Santo. Él conoce al Padre. Así que, si estamos conectados al Espíritu

Santo, tendremos un porcentaje mucho mayor de que nuestras oraciones sean certeras.

Necesitamos tener cuidado con no manipular mediante nuestras oraciones. Hablé de esto en el capítulo 10.

7. ¿Cuándo deberíamos tener dolores de parto en la oración?

En mi opinión, los dolores de parto no son algo que yo escojo. Los dolores me escogen a mí.

8. En cuanto a orar en el Espíritu; ¿cómo puede orar en lenguas puede ser intercesión?

Para un intercesor, las lenguas juegan un papel muy importante en la oración. Yo invierto mucho tiempo orando en lenguas. Me gusta usar mi idioma de oración cuando voy de paseo. Mientras camino, empiezo a orar en lenguas y puedo sentir cómo mi espíritu empieza a unirse al Espíritu Santo. Al continuar orando, me vienen cosas a la mente y hablo en lenguas sobre esas cosas. Puede ser fácil hablar en lenguas y no unirse al Espíritu Santo. Puede convertirse en algo que se hace pero que carece de vida. Pero unirnos con nuestro lenguaje espiritual puede hacer que nuestras oraciones sean efectivas.

Tenía una amiga que vino a pedirme oración. Cuando empecé a orar por ella, sentí que tenía que hablarle al oído y orar en lenguas. Al empezar a orar en lenguas sobre ella, ambas sentimos que nuestros espíritus se unían en la lengua. Pudo recibir y ser liberada de lo que había estado sufriendo.

UNA ALEGRE INTERCESIÓN

9. La intercesión y los decretos. ¿Qué es un decreto?

Creo que hay dos maneras de orar. Una es pidiendo, que quiere decir hacer una petición, y la otra es declarando, que surge del lugar de fe y de creer que será hecho.

Creo que muchos intercesores son muy buenos a la hora de pedir, pero que no saben cómo moverse a un lugar de fe, sabiendo que es hora de declarar que la petición ha sido hecha. Hace varios años, sentí que era tiempo de que empezásemos a declarar y dejar de pedir tanto en nuestras oraciones. Nuestro enfoque tenía que cambiar de la postura de hacer peticiones delante de Dios a la postura de fe y tomar la autoridad que nos pertenece. De hecho, sentí que había un cambio en nuestro nivel de autoridad. Ya que habíamos pedido durante tanto tiempo, era hora de que empezásemos a declarar las cosas para que fuesen.

Cuando nos llevamos equipos para orar, les digo, "Quiero que hagan una declaración o decreten sobre esta tierra". Sería similar a dar una palabra profética. Estás usando tus palabras de declaración para que haya un cambio.

10. ¿Cuáles son algunas claves para orar en grupo?

Cuando reúnes a la gente, vas a tener todo tipo de oraciones. Algunos estarán preparados para ir de manera violenta tras Dios, y otros querrán orar con clamor, mientras que otros querrán tener una lista de cosas por las que orar.

Como líder, tienes que establecer algunas reglas. Por ejemplo, cuando se ora por un asunto en particular, quieres asegurarte de que dejas bien terminado ese tema antes de seguir con el siguiente. En muchas reuniones, cuando alguien empieza a orar por algo y luego la siguiente persona sigue orando por algo diferente, no has agotado el tema de oración. Puede haber mucho más que alguien hubiera querido orar. Debes asegurarte de que cada persona ora y completa la oración antes de ir al siguiente asunto.

Diles a las personas del grupo que necesitan dar a todos los demás la oportunidad de orar y que una o dos personas no deberían ser las que manipulasen toda la reunión de oración.

Me he dado cuenta de que la mejor manera para reunir a todo un grupo en oración es si se empapan primeramente de la presencia de Dios. Esto hace que todos entren en el corazón de Dios y, después de empaparse, te darás cuenta de que el tiempo de oración es mucho más satisfactorio y efectivo.

Apéndice

Una Gran Dosis de Alegría

Alegría significa "un gran sentimiento de gran felicidad o de placer, especialmente de tipo espiritual o elevado." Existen otras palabras que se asocian con alegría: deleite, felicidad, placer, dicha, éxtasis, júbilo, entusiasmo. La palabra *éxtasis* significa "un sentimiento de intenso deleite". La palabra dicha habla de una "felicidad perfecta, carente de problemas." [1]

La palabra *alegría* aparece en la Biblia unas 182 veces. Así que he escogido varias referencias de alegría para que las leas. Pienso que es importante incluir estas referencias en este libro. Son recordatorios de la importancia de ser gente alegre, de ser quienes fuimos creados para ser. Y no solo eso, sino que es importante que como creyentes representemos, o re-presentemos, aquí en la tierra a quien nuestro Padre es. Él ama y es alegre.

UNA ALEGRE INTERCESIÓN

Él ríe desde el Cielo. Los versículos están en diversas versiones para que las puedas disfrutar.

Salmo 21:6—*Porque lo has bendecido para siempre; lo llenaste de alegría con tu presencia. (RVR)*

Salmo 68:3—*Pero que los justos se alegren; que se gocen en la presencia de Dios; que estén llenos de alegría. (NVI)*

Salmo 100:2—*Sirvan al SEÑOR con alegría; vengan ante su presencia con regocijo. (RVA)*

La alegría es experimentar gozo y placer. En estos versos veremos que estar en la presencia de Dios trae alegría.

Isaías 55:12—*Ustedes saldrán con alegría y serán guiados en paz. A su paso, las montañas y las colinas prorrumpirán en gritos de júbilo y aplaudirán todos los árboles del bosque. (NVI)*

Isaías 55:12—*Ustedes vivirán con gozo y paz. Los montes y las colinas se pondrán a cantar y los árboles de los campos aplaudirán. (NTV)*

Isaías 55:12—*Ciertamente, con alegría saldrán y en paz se irán. Los montes y las colinas irrumpirán en cánticos delante de ustedes, y todos los árboles del campo aplaudirán. (RVA)*

Isaías 55:12—*Ustedes saldrán de allí con alegría, volverán a su país con paz. Al verlos, los montes y las coli-*

nas estallarán en cantos de alegría y todos los árboles del campo aplaudirán. *(DHH)*

Jeremías 15:16—Al encontrarme con tus palabras, yo las devoraba; ellas eran mi gozo y la alegría de mi corazón, porque yo llevo tu nombre, Señor Dios Todopoderoso. *(NVI)*

Jeremías 15:16—Cuando descubrí tus palabras las devoré; son mi gozo y la delicia de mi corazón, porque yo llevo tu nombre, oh Señor Dios de los Ejércitos Celestiales. *(NTV)*

Jeremías 15:16—Cuando me hablabas, yo devoraba tus palabras; ellas eran la dicha y la alegría de mi corazón, porque yo te pertenezco, Señor y Dios todopoderoso. *(DHH)*

Sofonías 3:17—porque el Señor tu Dios está en medio de ti como guerrero victorioso. Se deleitará en ti con gozo, te renovará con su amor, se alegrará por ti con cantos. *(NVI)*

Sofonías 3:17—El Señor tu Dios está en medio de ti; ¡él es poderoso, y te salvará! El Señor estará contento de ti. Con su amor te dará nueva vida; en su alegría cantará. *(DHH)*

Sofonías 3:17—Pues el Señor tu Dios vive en medio de ti. Él es un poderoso salvador. Se deleitará en ti con alegría. Con su amor calmará todos tus temores. Se gozará por ti con cantos de alegría» *(NTV)*.

UNA ALEGRE INTERCESIÓN

Sofonías 3:17—*El SEÑOR tu Dios está en medio de ti: ¡Es poderoso; él salvará! Con alegría se regocijará por causa de ti. Te renovará en su amor; por causa de ti se regocijará con cánticos. (RVA)*

Zacarías 8:19—*Así dice el Señor Todopoderoso: "Para Judá, los ayunos de los meses cuarto, quinto, séptimo y décimo serán motivo de gozo y de alegría, y de animadas festividades. Amen, pues, la verdad y la paz". (NVI)*

Juan 15:11—*Les he dicho esto para que tengan mi alegría y así su alegría sea completa. (NVI)*

Juan 15:11—*Les he dicho estas cosas para que se llenen de mi gozo; así es, desbordarán de gozo. (NTV)*

Juan 15:11—*Les he dicho estas cosas para que se llenen de mi gozo; así es, desbordarán de gozo. (RVA)*

Juan 15:11—*Les hablo así para que se alegren conmigo y su alegría sea completa. (DHH)*

Juan 15:11—*Les he dicho estas cosas con un propósito: que mi alegría sea su alegría, y que su alegría madure por completo. (MSG, traducida al castellano)*

Juan 17:13—*Ahora vuelvo a ti, pero digo estas cosas mientras todavía estoy en el mundo, para que tengan mi alegría en plenitud. (NVI)*

Juan 17:13—*Ahora voy a ti. Mientras estuve con ellos en este mundo, les dije muchas cosas para que estuvieran llenos de mi alegría. (NTV)*

Una Gran Dosis de Alegría

Juan 17:13—*Ahora voy a donde tú estás; pero digo estas cosas mientras estoy en el mundo, para que ellos se llenen de la misma perfecta alegría que yo tengo. (DHH)*

Hechos 13:52—*Y los discípulos quedaron llenos de alegría y del Espíritu Santo. (NVI)*

Hechos 13:52—*Y los creyentes se llenaron de alegría y del Espíritu Santo. (NVI)*

Hechos 2:28—*Me mostraste el camino de la vida, y me llenarás de alegría con tu presencia. (DHH)*

Hechos 15.3—*Enviados por la iglesia, al pasar por Fenicia y Samaria contaron cómo se habían convertido los gentiles. Estas noticias llenaron de alegría a todos los creyentes. (NVI)*

Hechos 15.3—*Enviados, pues, por los de la iglesia de Antioquía, al pasar por las regiones de Fenicia y Samaria contaron cómo los no judíos habían dejado sus antiguas creencias para seguir a Dios. Y todos los hermanos se alegraron mucho con estas noticias. (DHH)*

Romanos 14:17—*porque el reino de Dios no es comida ni bebida sino justicia, paz y gozo en el Espíritu Santo. (RVA)*

Romanos 14:17—*Porque el reino de Dios no es cuestión de comer o beber determinadas cosas, sino de vivir en justicia, paz y alegría por medio del Espíritu Santo. (DHH)*

UNA ALEGRE INTERCESIÓN

***Romanos 14:17**—Pues el reino de Dios no se trata de lo que comemos o bebemos, sino de llevar una vida de bondad, paz y alegría en el Espíritu Santo. (NTV)*

***Romanos 15:13**—Que el Dios de la esperanza los llene de toda alegría y paz a ustedes que creen en él, para que rebosen de esperanza por el poder del Espíritu Santo. (NVI)*

***Romanos 15:13**—Que Dios, que da esperanza, los llene de alegría y paz a ustedes que tienen fe en él, y les dé abundante esperanza por el poder del Espíritu Santo. (DHH)*

***Romanos 15:13**— Que el Dios de esperanza los llene de todo gozo y paz en el creer, para que abunden en la esperanza por el poder del Espíritu Santo. (RVA)*

***Salmo 51:12**—Devuélveme la alegría de tu salvación; que un espíritu obediente me sostenga. (NVI)*

***Salmo 51:12**—Restaura en mí la alegría de tu salvación y haz que esté dispuesto a obedecerte. (NTV)*

***Salmo 51:12**—Devuélveme el gozo de tu salvación, y un espíritu generoso me sustente. (RVA)*

***Salmo 51:12**—Hazme sentir de nuevo el gozo de tu salvación; sostenme con tu espíritu generoso, (DHH)*

***Salmo 16:11**—Me mostrarás el camino de la vida; me concederás la alegría de tu presencia y el placer de vivir contigo para siempre. (NTV)*

Una Gran Dosis de Alegría

Salmo 16:11—*Me mostrarás la senda de la vida. En tu presencia hay plenitud de gozo, delicias en tu diestra para siempre. (RVA)*

Salmo 16:11—*Me mostrarás el camino de la vida. Hay gran alegría en tu presencia; hay dicha eterna junto a ti. (DHH)*

Nehemías 8:10— *Luego les dijo: Vayan, coman ricos manjares, beban bebidas dulces y envíen porciones a los que no tienen nada preparado, porque este es un día santo para nuestro Señor. No se entristezcan porque el gozo del SEÑOR es su fortaleza. (RVA)*

Nehemías 8:10— *Nehemías continuó diciendo: «Vayan y festejen con un banquete de deliciosos alimentos y bebidas dulces, y regalen porciones de comida a los que no tienen nada preparado. Este es un día sagrado delante de nuestro Señor. ¡No se desalienten ni entristezcan, porque el gozo del Señor es su fuerza!». (NTV)*

Nehemías 8:10— *Luego Nehemías añadió: «Ya pueden irse. Coman bien, tomen bebidas dulces y compartan su comida con quienes no tengan nada, porque este día ha sido consagrado a nuestro Señor. No estén tristes, pues el gozo del Señor es nuestra fortaleza». (NVI)*

Nehemías 8:10— *Además les dijo Esdras: «Vayan y coman de lo mejor, beban vino dulce e inviten a quienes no tengan nada preparado, porque hoy es un día dedicado a nuestro Señor. No estén tristes, porque la alegría del Señor es nuestro refugio.» (DHH)*

UNA ALEGRE INTERCESIÓN

1 Crónicas 16:27—*esplendor y majestad hay en su presencia; poder y alegría hay en su santuario. (NVI)*

1 Crónicas 16:27—*Honor y majestad lo rodean; fuerza y gozo llenan su morada. (NTV)*

1 Crónicas 16:27—*Gloria y esplendor hay delante de él; poder y alegría hay en su morada. (RVA)*

1 Crónicas 16:27—*¡Hay gran esplendor en su presencia! ¡Hay poder y alegría en su santuario! (DHH)*

Mateo 25:21—*Su señor le respondió: "¡Hiciste bien, siervo bueno y fiel! En lo poco has sido fiel; te pondré a cargo de mucho más. ¡Ven a compartir la felicidad de tu señor!" (NVI)*

Mateo 25:21—*El amo lo llenó de elogios. "Bien hecho, mi buen siervo fiel. Has sido fiel en administrar esta pequeña cantidad, así que ahora te daré muchas más responsabilidades. ¡Ven a celebrar conmigo!" (NTV)*

Hebreos 12:2—*Fijemos la mirada en Jesús, el iniciador y perfeccionador de nuestra fe, quien, por el gozo que le esperaba, soportó la cruz, menospreciando la vergüenza que ella significaba, y ahora está sentado a la derecha del trono de Dios. (NVI)*

Hebreos 12:2—*Esto lo hacemos al fijar la mirada en Jesús, el campeón que inicia y perfecciona nuestra fe. Debido al gozo que le esperaba, Jesús soportó la cruz, sin importarle la vergüenza que esta representaba. Ahora está sentado en el lugar de honor, junto al trono de Dios. (NTV)*

Hebreos 12:2—*puestos los ojos en Jesús, el autor y consumador de la fe, quien por el gozo que tenía delante de él sufrió la cruz, menospreciando el oprobio, y se ha sentado a la diestra del trono de Dios. (RVA)*

Hebreos 12:2—*Fijemos nuestra mirada en Jesús, pues de él procede nuestra fe y él es quien la perfecciona. Jesús soportó la cruz, sin hacer caso de lo vergonzoso de esa muerte, porque sabía que después del sufrimiento tendría gozo y alegría; y se sentó a la derecha del trono de Dios. (DHH)*

MÁS RECURSOS DE NEXUS PARA TI

SOZO: Sanos, salvos, libres. Un viaje hacia la libertad con el Padre, el Hijo y el Espíritu Santo.

Encuéntralo en:

www.nexuslibros.com

MÁS RECURSOS DE NEXUS PARA TI

Viviendo desde lo Invisible. Reflexiones desde una vida transformada y sobrenatural.

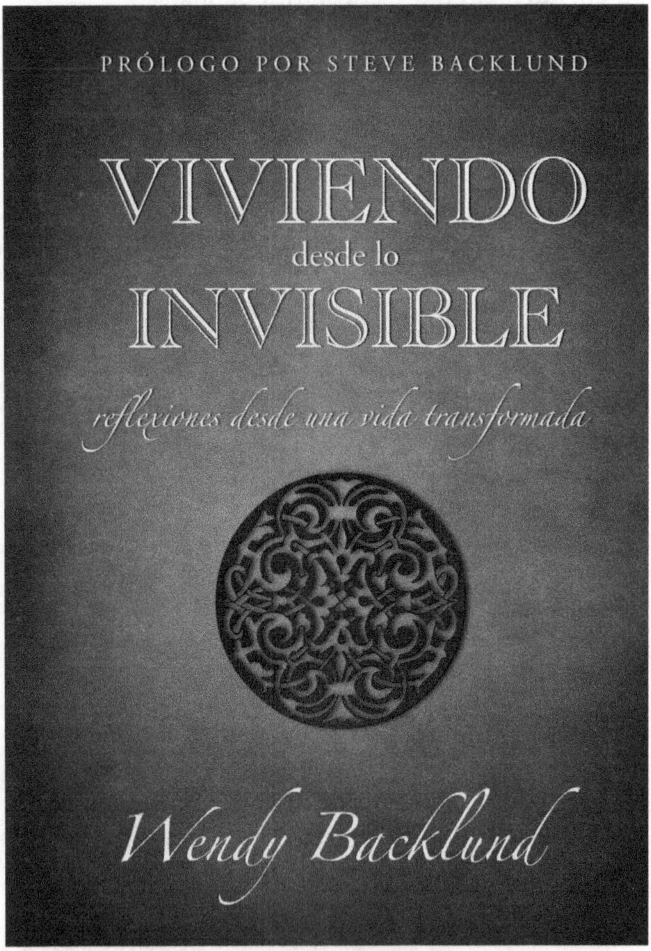

Encuéntralo en:

www.nexuslibros.com

MÁS RECURSOS DE
NEXUS PARA TI

Identidad Aprehendida. Una guía estupenda para recuperar nuestra identidad en Dios.

Encuéntralo en:

www.nexuslibros.com

MÁS RECURSOS DE
NEXUS PARA TI

Manual Básico de Sozo. Este manual es tu caja de herramientas para la sanidad interior.

Encuéntralo en:

www.nexuslibros.com

MÁS RECURSOS DE NEXUS PARA TI

Cultura de Honor
de Danny Silk

Riámonos de Eso
de Steve Backlund

Amando a tus Hijos a Propósito
de Danny Silk

Cultura del Reino
de Dann Farrelly

Mentalidad Victoriosa
de Steve Backlund

Incastigable
de Danny Silk

Encuéntralo en:

www.nexuslibros.com

www.ingramcontent.com/pod-product-compliance
Lightning Source LLC
Chambersburg PA
CBHW071312110426
42743CB00042B/1319